Das Zahlenbuch

2

von Erich Ch. Wittmann, Gerhard N. Müller,
Marcus Nührenbörger und Ralph Schwarzkopf

Bearbeitung der Ausgabe 2017:
Marcus Nührenbörger, Ralph Schwarzkopf,
Melanie Bischoff, Daniela Götze, Birgit Heß

Ernst Klett Verlag
Stuttgart · Leipzig

Inhalt

Wiederholung und Vertiefung
		AH
Addieren und Subtrahieren	4	3
Zahlen in der Klasse	6	4
Muster legen	8	5
Die Einspluseins-Tafel	10	6
Die Einsminuseins-Tafel	12	7
Kraft der 10	14	8
Mit Geld rechnen	16	9
Zahlen zerlegen in Zehner und Einer	18	10
Rückblick	20	12
Forschen und Finden: Zufallsexperimente	21	

Geometrie
Körper in der Umwelt	22	13
Würfelgebäude	24	14

Orientierung im Hunderterraum
Die Zahlen bis 100	26	15
Das Hunderterfeld ⚡ Wie viele?	28	16
Die Zahlenreihe bis 100 ⚡ Zählen ⚡ Ergänzen zum Zehner	30	17
Der Rechenstrich ⚡ Zählen in Schritten	32	18
Ergänzen bis 100 ⚡ Ergänzen bis 100	34	19
Rückblick	36	20
Forschen und Finden: Die Hundertertafel ⚡ Welche Zahl?	37	21

Messen und Ordnen
Geldwerte	38	22
Längen: Meter und Zentimeter	40	

Addition im Hunderterraum
Einfache Plusaufgaben ⚡ Einfache Plusaufgaben	42	23
Verdoppeln und Halbieren ⚡ Verdoppeln ⚡ Halbieren	44	24
Schwierige Plusaufgaben	46	25
Aufgaben am Rechenstrich	48	27
Rückblick	50	28
Forschen und Finden: Zahlenmauern	51	29

Geometrie
Formen legen	52	30
Falten – Schneiden – Legen	54	

Subtraktion im Hunderterraum
Einfache Minusaufgaben ⚡ Einfache Minusaufgaben	56	31
Schwierige Minusaufgaben	58	32
Aufgaben am Rechenstrich	60	34
Abziehen und Ergänzen ⚡ Zerlegen	62	35
Rückblick	64	36
Forschen und Finden: Rechenketten	65	37

Geometrie
Spiegeln	66	38

Einführung der Multiplikation
Malaufgaben in der Umwelt	68	39
Malaufgaben legen und erklären	70	42
Tauschaufgaben und Quadrataufgaben	72	43
Einfache Malaufgaben	74	44
Schwierige Malaufgaben ⚡ Einmaleins	76	45
Rückblick	78	46
Forschen und Finden: Zahlenraupen	79	47

Sachaufgaben
Einkaufen und Bezahlen	80	48
Mit Geld rechnen	82	49

Malreihen

AH

- Zweier-, Fünfer- und Zehnerreihe — 84 / 50
- Dreier- und Sechserreihe — 86 / 52
- Vierer- und Achterreihe — 88 / 54
- Neuner- und Siebenerreihe — 90 / 56
- Die Einmaleins-Tafel ⚡ Einmaleins — 92 / 58
- Die Einmaleins-Tafel erkunden — 94 / 58
- Rückblick — 96 / 59
- Forschen und Finden: Maltabellen — 97 / 60

Sachaufgaben

- Skizzen zeichnen — 98 / 61

Einführung der Division

- Teilen in der Umwelt — 100 / 62
- Umkehraufgaben — 102 / 64
- Dividieren an Malreihen — 104 / 66
- Rückblick — 106 / 68
- Forschen und Finden: Rechenketten — 107 / 69

Sachaufgaben

- Sachrechnen — 108 / 70
- Legen und Überlegen — 110 / 71

Pläne

- Sitzpläne: Orientierung im Klassenraum — 112 / 72
- Straßenpläne: Eckenhausen — 114 / 73

Aufgaben vergleichen

- Gleichungen — 116 / 74
- Rechenwege bei Plusaufgaben beschreiben — 118 / 75
- Rechenwege bei Minusaufgaben beschreiben — 120 / 76
- Rechendreiecke — 122 / 77

- Gleichungen und Ungleichungen — 124 / 78
- Teilen mit Rest — 126 / 79
- Zahlenmauern — 128 / 80
- Rückblick — 130 / 81
- Forschen und Finden: Zahlenmuster — 131 / 82

Sachaufgaben / Daten, Häufigkeit, Wahrscheinlichkeit

- Maße bei Tieren — 132
- Maße am Körper — 134 / 83
- Tagesablauf: Stunden und Minuten — 136 / 84
- Zeitspannen: Uhrzeiten und Kalender — 138 / 85

Miniprojekte

- Bald ist Weihnachten — 140 / 86
- Bald ist Ostern — 142 / 87

Symbole

Ausgewiesene inhaltsbezogene Kompetenzbereiche:

- ▪ Zahlen und Operationen
- ▪ Raum und Form
- ▪ Größen und Messen
- ▪ Daten, Häufigkeit und Wahrscheinlichkeit

 Blitzrechnen

AH weist auf Seiten im Arbeitsheft hin. Verweise auf das Förderheft befinden sich unten auf jeder Seite.

Ausgewiesene prozessbezogene Kompetenzbereiche:

- P Problemlösen
- K Kommunizieren
- A Argumentieren
- M Modellieren
- D Darstellen

Wiederholung und Vertiefung

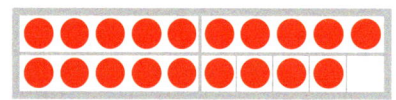

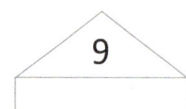

Z	E
1	9

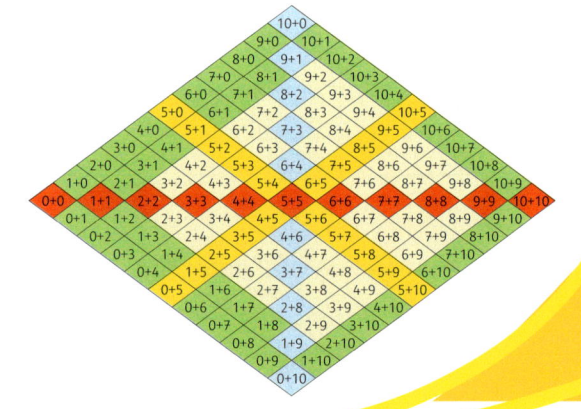

1 Zahlenhäuser.

a)
```
   10            10
 2 +           12 −
 5 +           15 −
   + 7           − 7
   + 9           − 9
```

b)
```
   15             5
 11 +           11 −
 15 +           15 −
   + 8           − 2
   + 7           − 3
```

c)
```
   18             8
 14 +           14 −
 16 +           16 −
   + 7           − 3
   + 9           − 1
```

2 Tauschaufgaben und Umkehraufgaben.

a) [5] [12] [17]   5 + 12   17 − 12
                   12 + 5   17 − 5

b) [6] [9] [15]   6 + 9   15 − 9
                   9 + 6   15 − 6

> 17 − 12 = 5 und 17 − 5 = 12 sind die Umkehraufgaben.

c) Wähle 3 Zahlen. Findest du immer 4 Aufgaben?

3 Zählt in anderen Sprachen.

one	two	three	four	five	six	seven	eight	nine	ten
1	2	3	4	5	6	7	8	9	10
bir	iki	üç	dört	beş	altı	yedi	sekiz	dokuz	on

1 Ergänzen und Abziehen beschreiben sowie Addition und Subtraktion wiederholen und Beziehungen vertiefen. Zahlenhäuser ausfüllen.   2 Umkehraufgaben bilden.   3 Zählen auf englisch und türkisch.

(P, K) → Arbeitsheft, Seite 3   → Förderheft, Seite 3

Addieren und Subtrahieren

4 Vergleiche die Aufgaben. Was fällt dir auf?
- a) 13 − 5
  15 − 3
  8 + 12
- b) 16 − 7
  17 − 6
  9 + 11
- c) 17 − 5
  15 − 7
  12 + 8
- d) 18 − 5
  15 − 8
  13 + 7
- e) 19 − 4
  14 − 9
  15 + 5

5 Schreibe mehrere Minusaufgaben und Plusaufgaben. Das Ergebnis ist ...
- a) ... kleiner als 10.
- b) ... gleich 10.
- c) ... größer als 10.

| 5 a) | 5 + 3 < 1 0 |
| | 1 2 − 3 < 1 0 |

| 5 b) | 7 + 3 = 1 0 |
| | 1 3 − 3 = 1 0 |

| 5 c) | 1 0 + 3 > 1 0 |
| | 1 6 − 3 > 1 0 |

6 Rechne geschickt.
- a) 8 + 1 + 2 | 6 a) | 8 + 1 + 2 = 1 1 |
  6 + 7 + 3
  3 + 2 + 7
- b) 6 + 12 − 2
  7 + 11 − 1
  13 + 6 − 3
- c) 9 + 6 − 5
  9 + 5 − 9
  9 − 8 + 8
- d) 5 + 3 + 1 − 5
  4 + 5 + 3 − 5
  2 + 4 + 5 − 5

e) Finde solche Aufgaben und rechne geschickt.

7 Zahlenmauern. Einige Zahlen fehlen. Wie rechnest du?

a)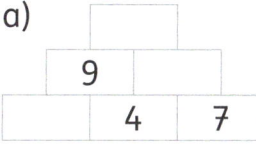
7 a)
	2 0	
9		1 1
5	4	7

b)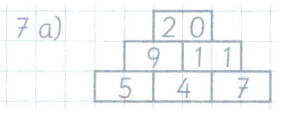
c)
d)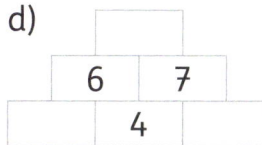
e)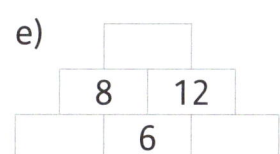
f)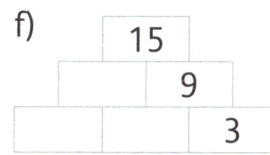
g)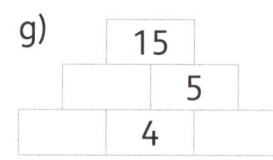

Bei a): 9 steht mittlere Reihe links, 4 und 7 unten.
Bei b): 11 mittlere Reihe links, 3 und 5 unten.
Bei c): 14 oben, 8 mittlere links, 3 unten rechts.
Bei d): 6 und 7 mittlere Reihe, 4 unten.
Bei e): 8 und 12 mittlere Reihe, 6 unten.
Bei f): 15 oben, 9 mittlere, 3 unten rechts.
Bei g): 15 oben, 5 mittlere rechts, 4 unten rechts.

8 Schöne Päckchen. Setze fort.
- a) 12 + 5
  11 + 7
  10 + 9
  9 + 11
- b) 15 − 5
  16 − 4
  17 − 3
  18 − 2
- c) 20 − 10
  18 − 9
  16 − 8
  14 − 7
- d) 5 + 7
  7 + 8
  9 + 9
  11 + 10

9 Zählt in anderen Sprachen. Was fällt euch auf?

eleven	twelve	thirteen	fourteen	fifteen	sixteen	seventeen	eighteen	nineteen	twenty
11	12	13	14	15	16	17	18	19	20
on bir	on iki	on üç	on dört	on beş	on altı	on yedi	on sekiz	on dokuz	yirmi

---

4 Beziehungen zwischen 2 Subtraktionsaufgaben herstellen. 5 Aufgaben mit vorgegebener Ergebniszahl finden.
6 Geschicktes Rechnen wiederholen. 7 Aufgaben zur Wiederholung der Addition und Subtraktion anhand bekannter Aufgabenformate. 8 Schöne Päckchen. 9 Zählen auf Englisch und Türkisch. Besonderheiten der Zahlwörter besprechen.

(K) → Arbeitsheft, Seite 3

Zahlen in der Klasse

○ **1** Jungen und Mädchen in der Klasse.

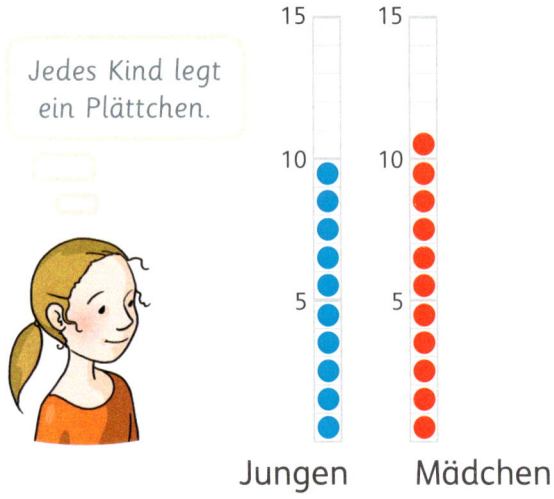

Jedes Kind legt ein Plättchen.

a) Wie viele Jungen sind es?

> 1 a) Es sind 10 Jungen.

b) Wie viele Mädchen sind es mehr als Jungen?

c) Wie viele Mädchen sind es?

d) Wie viele Kinder sind es zusammen?

○ **2** Lieblingsfarben.

Jedes Kind macht einen Strich.

gelb					
rot		⊮	
rosa					
grün				
blau		⊮
braun		
schwarz				

a) Wie viele Kinder haben als Lieblingsfarbe blau?

b) Welche Farbe haben die meisten Kinder als Lieblingsfarbe?

c) Welche Farbe hat kein Kind als Lieblingsfarbe?

d) Finde Fragen.

3 Geburtstage.

Januar	Lena
Februar	Till
März	Murat, Marta, Anna
April	Noah
Mai	Anton, Paula, Kim
Juni	
Juli	Esra, Leo
August	Lilly, Eric, Max
September	Eva, Sophie, Finn, Mila
Oktober	Ben
November	
Dezember	Ina, Metin

Jedes Kind klebt einen Zettel mit seinem Namen auf.

a) Wie viele Kinder haben im März Geburtstag?
b) In welchen Monaten hat kein Kind Geburtstag?
c) Der Sommer geht von Juni bis August. Wie viele Kinder haben im Sommer Geburtstag?
d) Finde Fragen.

4 Schuhgrößen.

a) Erstelle ein Schaubild. Zeichne für jedes Kind ein Kästchen.

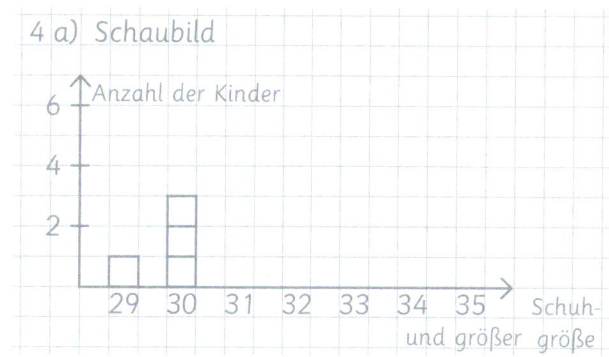

b) Finde Fragen.

5 Macht eigene Umfragen in eurer Klasse.

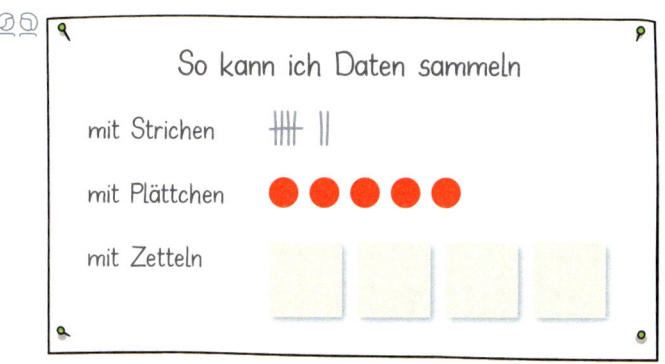

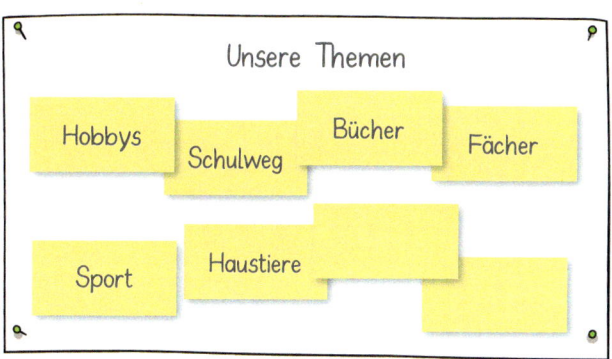

3, 4 Daten unterschiedlich darstellen (Plättchen, Steckwürfel, Strichliste, Papier, ...), zur Auswertung passende Fragen formulieren. Antworten aus den Darstellungen entnehmen und Aussagekraft vergleichen. Lineal zum Zeichnen des Schaubildes nutzen. 5 Klassenausstellung planen.

(K, M, D) → Arbeitsheft, Seite 4

Muster legen

1 Welche Startfigur hat das Muster? Zeichne.

a)    b)

c)   d)

e)   f)

2 a) Legt Muster und zeichnet sie auf. Kreist die Startfigur ein.
b) Beschreibt eure Muster.

3 Setze fort. Zeichne und beschreibe.

a) 1.   2.   3.   4.
1+1   2+2   3+3   4+4

Erst rot und blau. Dann immer 1 rotes und 1 blaues Plättchen mehr.

b) 1.   2.   3.   4.
1+2   2+3   3+4   4+5

4 a) Setze fort. Zeichne und beschreibe.

1.   2.   3.   4.
1+3   2+4   3+5   4+6

b) Wie sieht das 10. Bild aus? Zeichne und beschreibe.

5 a) Setze fort. Zeichne und beschreibe.

1.   2.   3.   4.
1+2   2+3   3+4   4+5

b) Wie sieht das 10. Bild aus? Zeichne und beschreibe.

6 a) Setze fort. Zeichne und beschreibe.

1.   2.   3.   4.
1+2   2+4   3+6   4+8

b) Wie sieht das 10. Bild aus? Zeichne und beschreibe.

7 Legt und zeichnet Muster. Beschreibt.

Die Einspluseins-Tafel

1 Beschreibt die einfachen Aufgaben und rechnet.

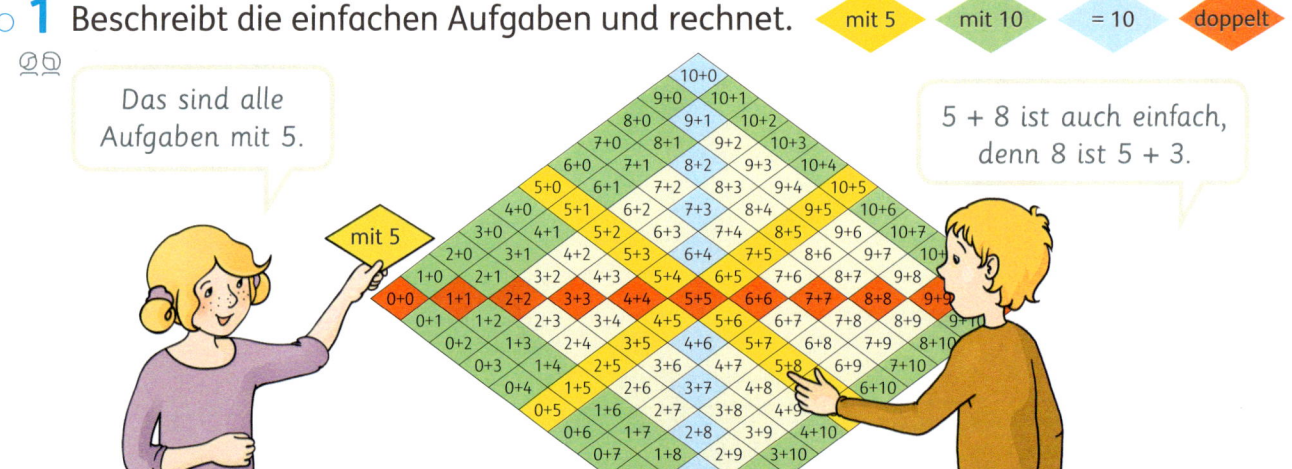

Zum Plusrechnen sagt man auch Addieren.
Das Ergebnis einer Plusaufgabe heißt Summe.

2 Sprünge an der Einspluseins-Tafel. Zeige und rechne.
Wie verändert sich die Summe?

a) 4 + 5	b) 3 + 5	c) 2 + 5	d) 1 + 5	e) 0 + 5
4 + 6	3 + 7	2 + 8	1 + 9	0 + 10
5 + 6	5 + 7	5 + 8	5 + 9	5 + 10

3 Sprünge an der Einspluseins-Tafel. Zeige und rechne.
Wie verändert sich die Summe?

a) 5 + 3	b) 5 + 4	c) 5 + 2	d) 5 + 1	e) 5 + 0
5 + 8	5 + 9	5 + 7	5 + 6	5 + 5
10 + 3	10 + 4	10 + 2	10 + 1	10 + 0
10 + 8	10 + 9	10 + 7	10 + 6	10 + 5

4 Fast *doppelt*. Wie verändert sich die Summe?

a) 1 + 2
   2 + 2
   2 + 3

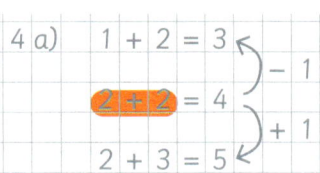

b) 3 + 4
   4 + 4
   4 + 5

c) 5 + 7
   6 + 6
   7 + 5

d) 7 + 9
   8 + 8
   9 + 7

e) 10 + 9
   10 + 10
   10 + 11

5 Immer dieselbe Summe. Finde Aufgaben mit der ...
 a) ... Summe 14.   b) ... Summe 15.   c) ... Summe 16.   d) ... Summe ___.
 e) Zeige die Aufgaben mit derselben Summe an der Einspluseins-Tafel.
    Was fällt dir auf?

6 Verändere die Aufgaben geschickt.

a) ◇= 10 7 + 9 | 6 a) 7 + 9 / 7 + 3 + 6 / 10 + 6 = 16 | 8 + 7   5 + 7
                                                              8 + 5   6 + 9

b) ◇doppelt 7 + 9 | 6 b) 7 + 9 / 7 + 7 + 2 / 14 + 2 = 16 | 7 + 8   3 + 4
                                                                  6 + 5   5 + 7

c) ◇mit 10 7 + 9 | 6 c) 7 + 9 / 7 + 10 − 1 / 17 − 1 = 16 | 4 + 9   8 + 9
                                                                  6 + 9   9 + 6

7 Rechne geschickt. Achte auf ◇mit 5 ◇mit 10 ◇= 10 ◇doppelt .

a) 6 + 8   b) 3 + 4   c) 8 + 4   d) 9 + 3   e) 4 + 7
   8 + 4   3 + 6   9 + 2   7 + 8   8 + 6
   9 + 4   4 + 7   6 + 7   5 + 6   9 + 5
   9 + 7   3 + 8   7 + 9   4 + 5   5 + 8

8 Addiere immer über Kreuz. Was fällt dir auf?

a) 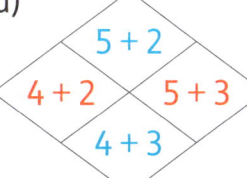   b) 7+3 / 6+3 × 7+4 / 6+4   c) 3+6 / 2+6 × 3+7 / 2+7

8 a) 5 + 2 = 7	4 + 2 = 6
4 + 3 = 7	5 + 3 = 8
7 + 7 =	6 + 8 =

d) 4+5 / 3+5 × 4+6 / 3+6   e) 7+6 / 6+6 × 7+7 / 6+7   f)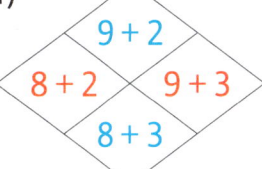

g) Addiere weitere Aufgaben über Kreuz.

Die Einsminuseins-Tafel

1 Beschreibt die einfachen Aufgaben und rechnet.

Zum Minusrechnen sagt man auch Subtrahieren.
Das Ergebnis einer Minusaufgabe heißt Differenz.

2 Rechne einfache Aufgaben. Ordne.

3 Sprünge an der Einsminuseins-Tafel. Zeige und rechne.
Wie verändert sich die Differenz?

a) 6 − 5	b) 7 − 5	c) 9 − 5	d) 10 − 5	e) 8 − 5
11 − 5	12 − 5	14 − 5	15 − 5	13 − 5
11 − 10	12 − 10	14 − 10	15 − 10	13 − 10
16 − 10	17 − 10	19 − 10	20 − 10	18 − 10

4 Sprünge an der Einsminuseins-Tafel. Zeige und rechne.
Wie verändert sich die Differenz?

a) 10 − 4	b) 10 − 3	c) 10 − 2	d) 10 − 1	e) 10 − 0
9 − 4	8 − 3	7 − 2	6 − 1	5 − 0
8 − 4	6 − 3	4 − 2	2 − 1	0 − 0

5 Fast . Wie verändert sich die Differenz?

a) 1 − 1	b) 5 − 3	c) 9 − 4	d) 12 − 5	e) Finde ebenso Aufgaben.
2 − 1	6 − 3	10 − 5	12 − 6	
3 − 1	7 − 3	11 − 6	12 − 7	

1, 2 Einsminuseins-Tafel untersuchen und Beziehungen bewusst machen. **3** Zehneranalogien. **4, 5** Beziehungen zwischen den Aufgaben untersuchen.

(P, K, A, D) → Arbeitsheft, Seite 7 → Förderheft, Seite 7

6 Verändere die Aufgaben geschickt.

a)  16 − 9   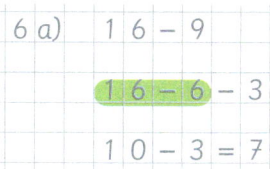   17 − 8   15 − 8
                                                        13 − 6   16 − 7

b)  16 − 9   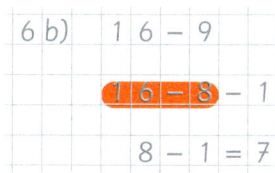   12 − 8   12 − 7
                                                        14 − 8   14 − 9

c)  16 − 9   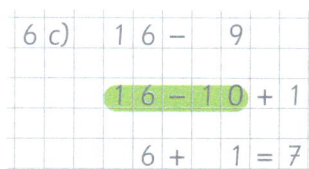   17 − 9   15 − 9
                                                        14 − 9   12 − 9

7 Beginne mit einfachen Aufgaben. Kreuze an.

a) 8 − 2   b) 9 − 6   c) 12 − 3   d) 15 − 9
   9 − 2   10 − 6   13 − 3   16 − 9
   10 − 3   11 − 7   14 − 4   17 − 10
   9 − 3   10 − 7   13 − 4   16 − 10

8 Immer dieselbe Differenz. Finde Aufgaben mit der …

a) … Differenz 4.   b) … Differenz 6.   c) … Differenz 8.   d) … Differenz ___ .

e) Zeige Aufgaben mit derselben Differenz an der Einsminuseins-Tafel. Was fällt dir auf?

 9 Addiere immer über Kreuz. Was fällt dir auf?

a) 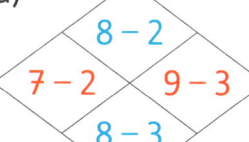   b) 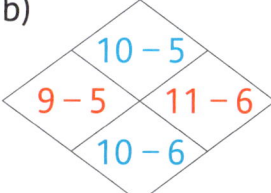   c)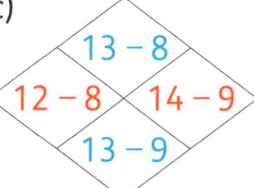

d) Addiere weitere Aufgaben über Kreuz.

Kraft der 10

1 Beschreibt.

 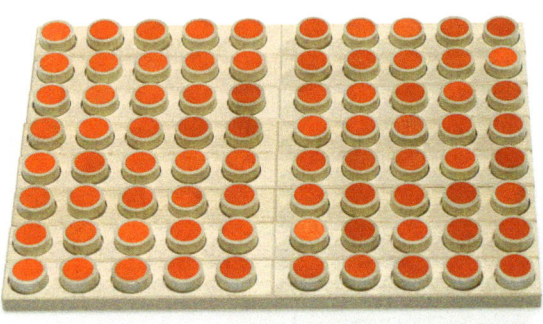

2 Wie viele **Z**ehner? Wie viele Plättchen?

a)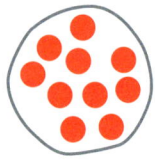

2 a)   2 **Z**ehner = 20

b)
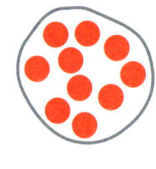 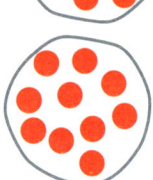 

c)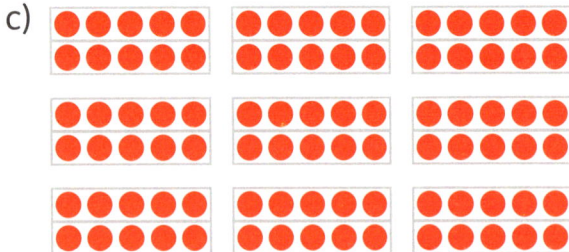

d)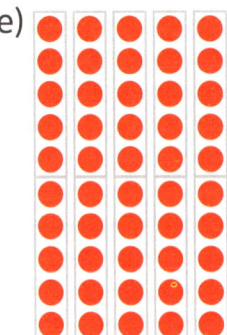

e)

f) Wie viel sind 10 **Z**ehner? Zeichne.

3 Zählt vorwärts und rückwärts.

zehn	zwanzig	dreißig	vierzig	fünfzig	sechzig	siebzig	achtzig	neunzig	hundert
10	20	30	40	50	60	70	80	90	100

4 Mit **Z**ehnern rechnen. Wie viele zusammen?

a)    b) 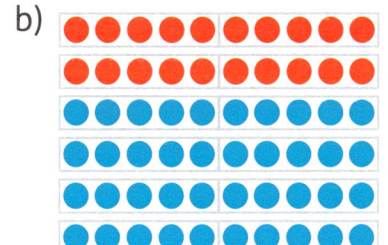   c)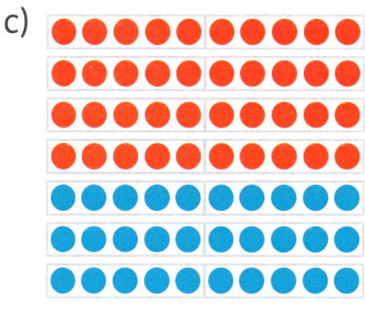

5 a) 3**Z** + 4**Z**   5a) 3 Z + 4 Z = 7 Z   b) 2**Z** + 7**Z**   c) 5**Z** + 2**Z**   d) 6**Z** + 4**Z**
     30 + 40   30 + 40 = 70   20 + 70   50 + 20   60 + 40

6 a) 9**Z** − 4**Z**   b) 8**Z** − 3**Z**   c) 7**Z** − 5**Z**   d) 8**Z** − 4**Z**   e) 6**Z** − 5**Z**   f) 10**Z** − 5**Z**
     90 − 40   80 − 30   70 − 50   80 − 40   60 − 50   100 − 50

7 Rechne geschickt.
 a) 40 + 50 − 40   b) 80 + 20 − 60   b) 80 + 40 − 40
    40 + 50 − 50   70 + 20 − 20   30 + 90 − 30
    40 + 60 − 50   70 + 30 − 20   70 + 100 − 70

7a) 40 + 50 − 40 = 50

d) Finde Aufgaben mit dem Ergebnis 50.

8 Zählt in anderen Sprachen.

ten	twenty	thirty	fourty	fifty	sixty	seventy	eighty	ninety	hundred
10	20	30	40	50	60	70	80	90	100
on	yirmi	otuz	kırk	elli	altmış	yetmiş	seksen	doksan	yüz

Mit Geld rechnen

1 Wie viel zusammen?

a)

1a) 10 € + 20 € + 20 € = 50 €

b)

c)

d)

e)

f)

g)

h)

i)

j)

2
a) 5 + 5
   50 + 50
    6 + 4
   60 + 40
   40 + 60

2a) 5 + 5 = 10
    50 + 50 = 100
     6 + 4 =

b) 5 + 4
   50 + 40
    9 − 4
   90 − 40
    9 − 5

c) 7 + 3
   70 + 30
   10 − 3
   100 − 30
   10 − 6

d) 6 + 2
   60 + 20
    8 − 4
   80 − 40
    8 − 2

3

"40 Cent + 10 Cent = 50 Cent
Dann bekommst du 10 Cent zurück."

"Ich kaufe die Stifte. Ich habe aber nur ein 50-Cent-Stück."

a) Murat kauft: Er gibt:

Wie viel bekommt er zurück? ___ Cent

b) Till kauft: Er gibt:

Wie viel bekommt er zurück? ___ Cent

c) Ina kauft: Sie gibt:

Wie viel bekommt sie zurück? ___ Cent

d) Metin kauft: Er gibt:

Wie viel bekommt er zurück? ___ Cent

e) Paula kauft: Sie gibt:

Wie viel bekommt sie zurück? ___ Euro

f) Eva kauft: Sie gibt:

Wie viel bekommt sie zurück? ___ Euro

g) Denke dir Rechengeschichten aus.

3 Einkaufssituation als Ergänzen deuten. Differenz zwischen Zehnerzahlen ermitteln. Beziehungen zwischen Euro als 100 Cent besprechen und mit Rechengeld handelnd lösen.

(M, D) → Arbeitsheft, Seite 9 → Förderheft, Seite 9

Zahlen zerlegen in Zehner und Einer

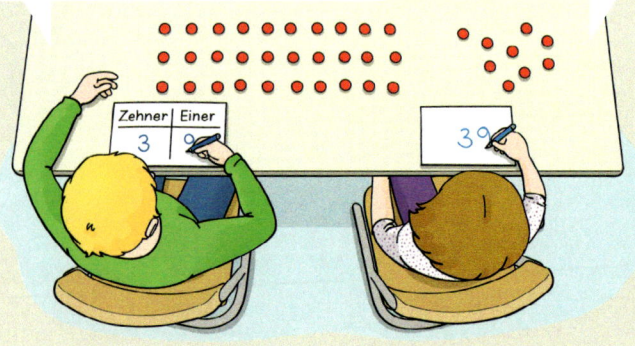

○ **1** Wie viele **Z**ehner (**Z**), wie viele **E**iner (**E**)?

a)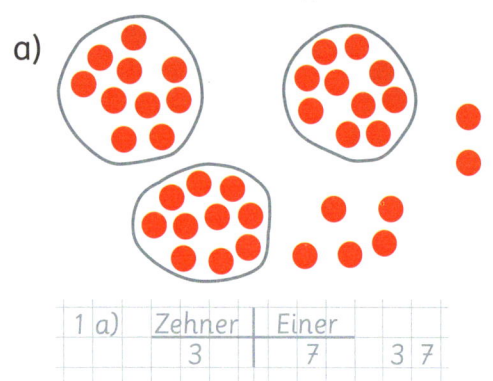

b)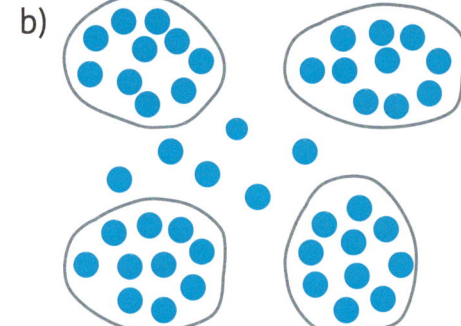

c)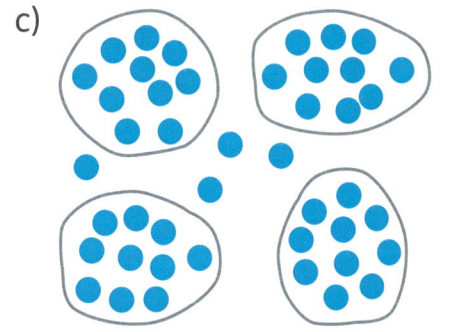

d)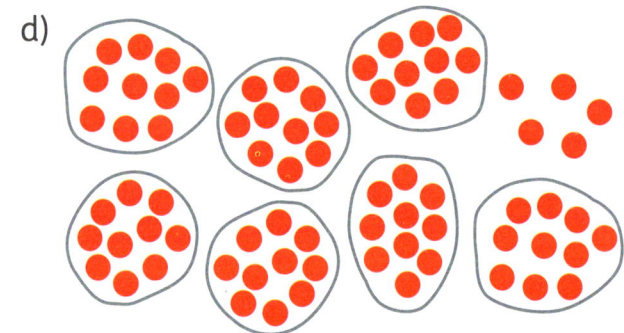

○ **2** Zeichne **Z**ehner und **E**iner.

a) | Z | E |
|---|---|
| 1 | 4 |

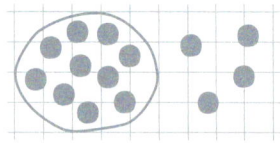

b) | Z | E |
|---|---|
| 4 | 1 |

c) | Z | E |
|---|---|
| 2 | 3 |

d) | Z | E |
|---|---|
| 3 | 4 |

○ **3** Zählt. Zählt auch in anderen Sprachen. Was fällt euch auf?

zwanzig	einundzwanzig	zweiundzwanzig	dreiundzwanzig	vierundzwanzig
20	21	22	23	24
twenty	twenty-one	twenty-two	twenty-three	twenty-four
yirmi	yirmi bir	yirmi iki	yirmi üç	yirmi dört

4 Tausche möglichst viele **E**iner in **Z**ehner um.

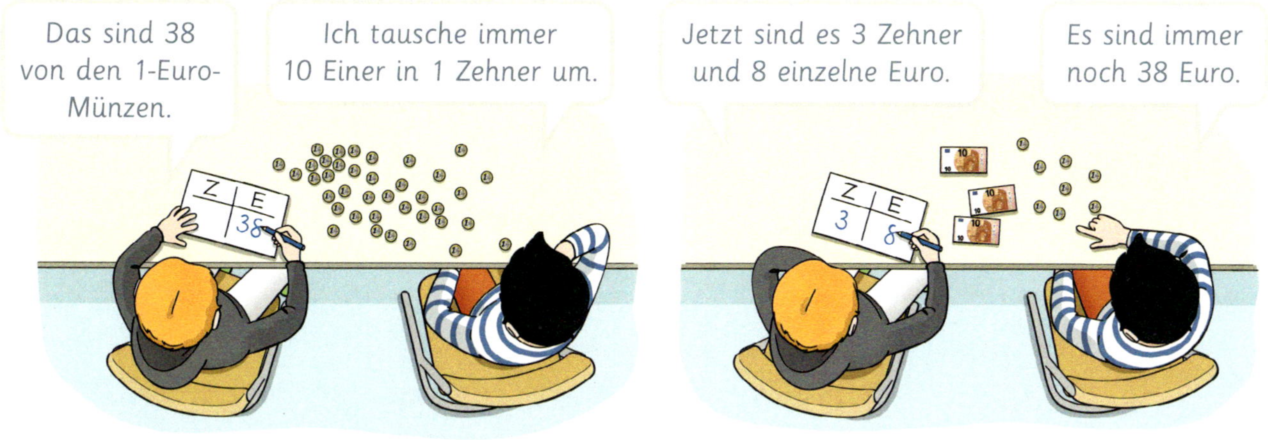

Das sind 38 von den 1-Euro-Münzen.
Ich tausche immer 10 Einer in 1 Zehner um.
Jetzt sind es 3 Zehner und 8 einzelne Euro.
Es sind immer noch 38 Euro.
Z
E
38
3
8

a) 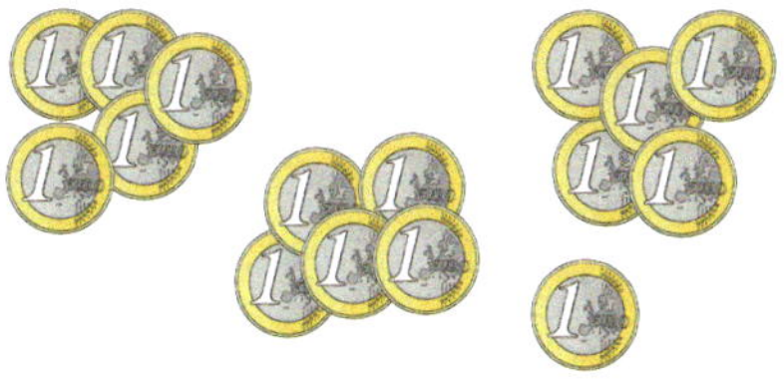

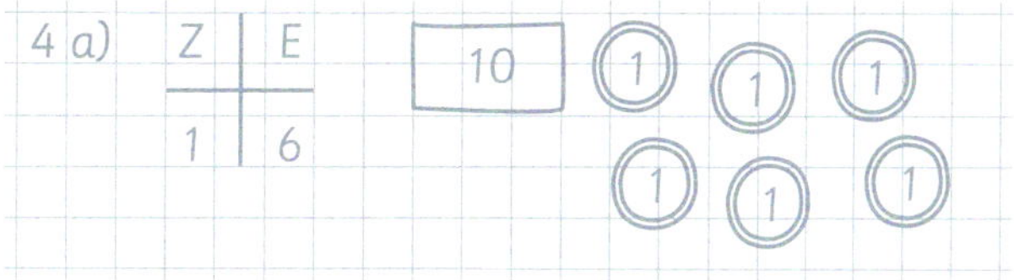

4 a)
Z
E
1
6
10
1

b) 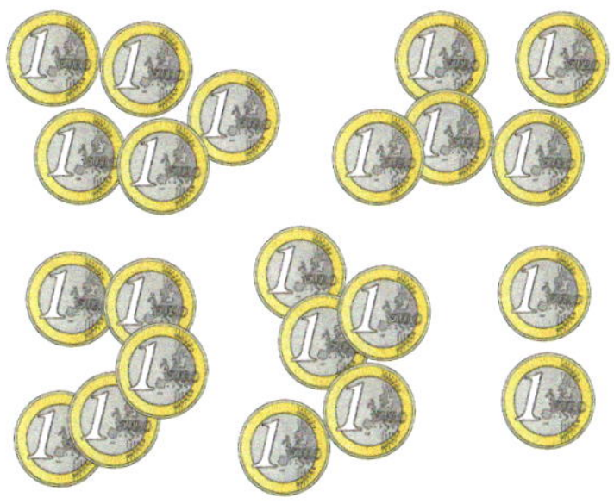

c) 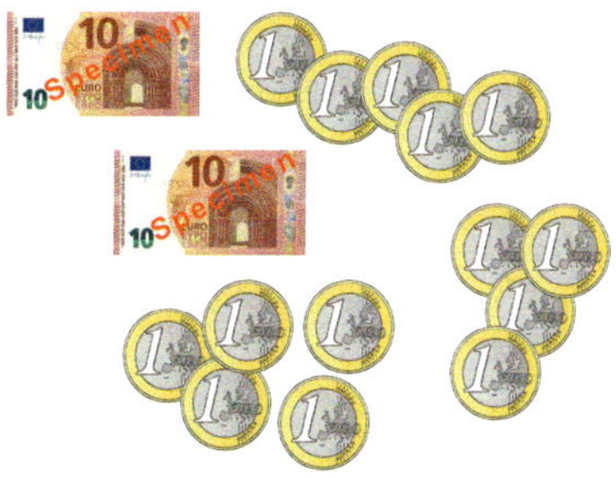

d) 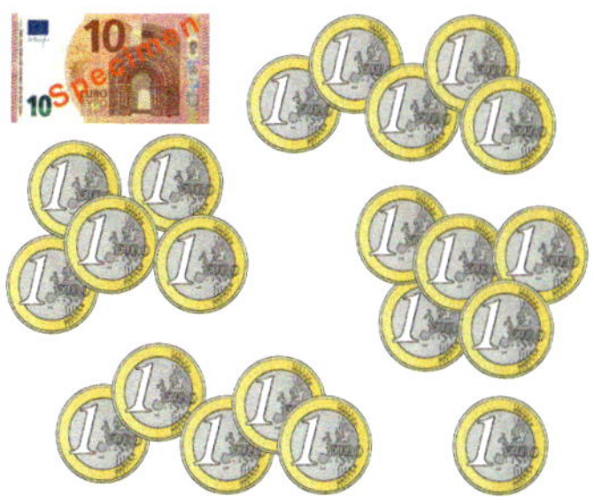

e) 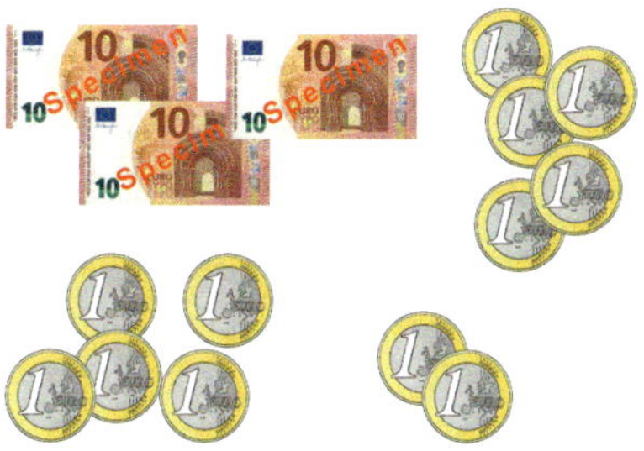

f) 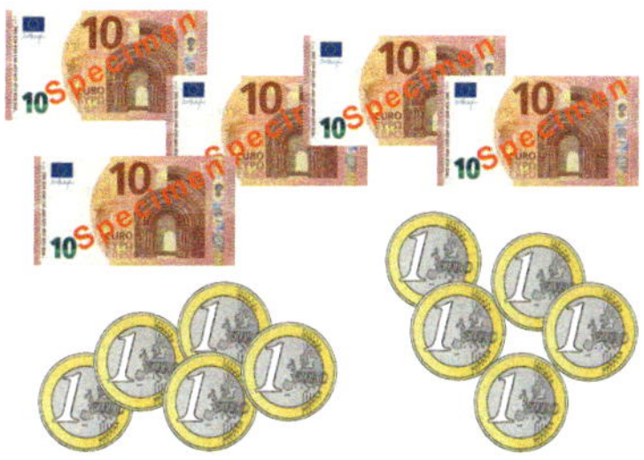

g) 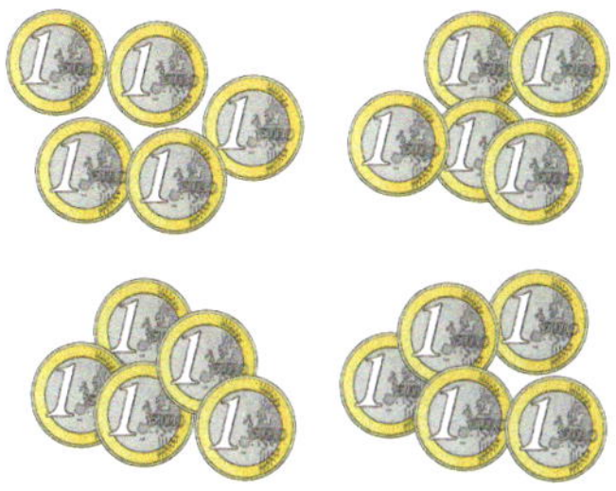

5 a) 1**Z** 13**E**

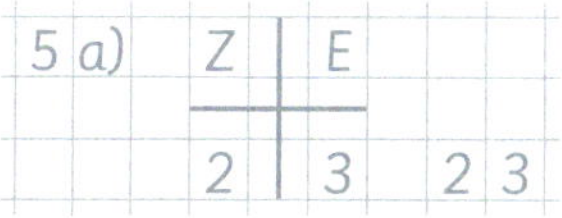

5 a)
Z
E
2
3
23

b) 3**Z** 12**E** c) 2**Z** 34**E** d) 5**Z** 22**E**

6 Zählt. Zählt auch in anderen Sprachen. Was fällt euch auf?

fünfundzwanzig	sechsundzwanzig	siebenundzwanzig	achtundzwanzig	neunundzwanzig
25	26	27	28	29
twenty-five	twenty-six	twenty-seven	twenty-eight	twenty-nine
yirmi beş	yirmi altı	yirmi yedi	yirmi sekiz	yirmi dokuz

4, 5 Unterschiedliche Darstellungen einer Zahl in Zehner und Einer besprechen und in der Stellenwerttafel notieren. Wechseln und Bündeln von 10 E in 1 Z bewusst machen. **6** Dt., engl. und türk. Sprechweise der Zahlen ansprechen und vergleichen (erst E, dann Z oder erst Z, dann E).

(D) → Arbeitsheft, Seiten 10, 11 → Förderheft, Seite 11

Rückblick

Ich kann Plusaufgaben und Minusaufgaben geschickt verändern.

= 10   mit 10   doppelt   mit 5   5   10   10   halb

6 + 9 = 15   Das Ergebnis einer Plusaufgabe heißt Summe.
18 − 8 = 10   Das Ergebnis einer Minusaufgabe heißt Differenz.

Ich kann Zahlen in Zehner (Z) und Einer (E) zerlegen.

Z	E
3	2

32

10 Einer sind 1 Zehner.
Ich kann mit Zehnern rechnen wie mit Einern: 30 + 40, 3Z + 4Z.

1 Rechne geschickt.

a) 7 + 6	b) 7 + 5	c) 7 + 4	d) 10 − 6	e) 11 − 5	f) 18 − 9
8 + 7	8 + 6	8 + 5	12 − 7	13 − 6	16 − 8
9 + 8	9 + 7	9 + 6	14 − 8	15 − 7	14 − 7
10 + 9	10 + 8	10 + 7	16 − 9	17 − 8	12 − 6

2 Wie viele Zehner? Wie viele Einer?

a) b) c)

2 a)

Z	E
2	3

2 3

3 Tausche möglichst viele Einer in Zehner um.

a) 2Z 14E   b) 1Z 24E   c) 3Z 13E   d) 2Z 23E

3 a)

Z	E
3	4

3 4

4 Mit Zehnern rechnen wie mit Einern.

a) 50 + 20   30 + 30   b) 50 − 20   60 − 30
   40 + 50   40 + 40   50 − 40   80 − 40
   50 + 30   20 + 20   50 − 30   40 − 20

5 Übt immer weiter Plusaufgaben und Minusaufgaben.

Wesentliche Aspekte des Kapitels noch einmal reflektieren.

(D)   → Arbeitsheft, Seite 12   → Förderheft, Seite 12

Forschen und Finden: Zufallsexperimente

1 Würfle 40-mal mit einem Würfel.
Zeichne eine Strichliste.
Für jeden Wurf einen Strich.

a) Welche Augenzahlen kommen **oft** vor?

b) Welche Augenzahlen kommen **selten** vor?

c) Sammelt alle Ergebnisse in einer Klassenliste. Was fällt euch auf?

1)	Augenzahl	Anzahl
	1	
	2	
	3	I
	4	
	5	
	6	

2 Würfelt 40-mal mit zwei Würfeln.
Zeichnet eine Strichliste.

a) Vor dem Würfeln: Vermutet.
Welche Augensummen kommen **oft** vor?
Welche Augensummen kommen **selten** vor?

b) Nach dem Würfeln: Überprüft eure Vermutung.

c) Warum werden die Augensummen verschieden oft geworfen?
Zeichnet eine Tabelle und tragt die Plusaufgaben ein. Was fällt euch auf?

2 c) Augensumme	2	3	4	5	6	7	8
	□ □	□ □	□ □	□ □	□ □	□ □	□ □
mögliche Würfe	1 + 1	1 + 2	1 + 3	1 + 4	1 + 5	1 + 6	2 + 6
		2 +	2 +	2 +	2 +	2 +	3 +

3 Würfelt 40-mal mit drei Würfeln.
Zeichnet eine Strichliste.

3)	Augensumme	Anzahl

a) Vor dem Würfeln: Vermutet. Welche Augensummen kommen **oft** vor?
Welche Augensummen kommen **selten** vor?

b) Nach dem Würfeln: Überprüft eure Vermutung. Was fällt euch auf?

Körper in der Umwelt

○ **1** Finde Gegenstände, die ungefähr die Form der Körper haben.

○ **2** Welche Körper sind es?

a)

b)

c)

d)

e)

f)

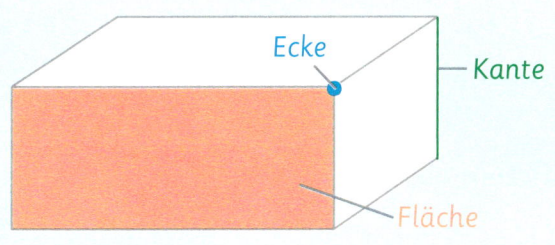

Ein Quader hat 6 **Flächen**.
Ein Quader hat 8 **Ecken**.
Ein Quader hat 12 **Kanten**.

3 Baue Körper.

4 Bastelanleitung für eine Tischlaterne.   Material:

1. Kanten falten.

2. Ecken kleben.

3. Fensterflächen kleben.

5 Welcher Körper ist es?

Ina	Leo	Murat
Der Körper ist ein besonderer Quader. Alle 6 Flächen sind Quadrate.	Zwei Flächen des Körpers sind Kreise.	Der Körper hat 12 Kanten. Alle Flächen sind Rechtecke.

Findet Rätsel.

3, 4 Körper aus verschiedenen Materialien herstellen. In der Besprechung Fachwörter *Kante* und *Fläche* einführen. Für einen Würfel müssen alle sechs Flächen die Form eines Quadrates haben. Alle Kanten sind gleich lang. Was ist beim Quader anders? Auf den Plakaten diese Aspekte ergänzen.   **5** Körperrätsel lösen. Eigene Rätsel schreiben.

(P, K, D) → Arbeitsheft, Seite 13 → Förderheft, Seite 14

Würfelgebäude

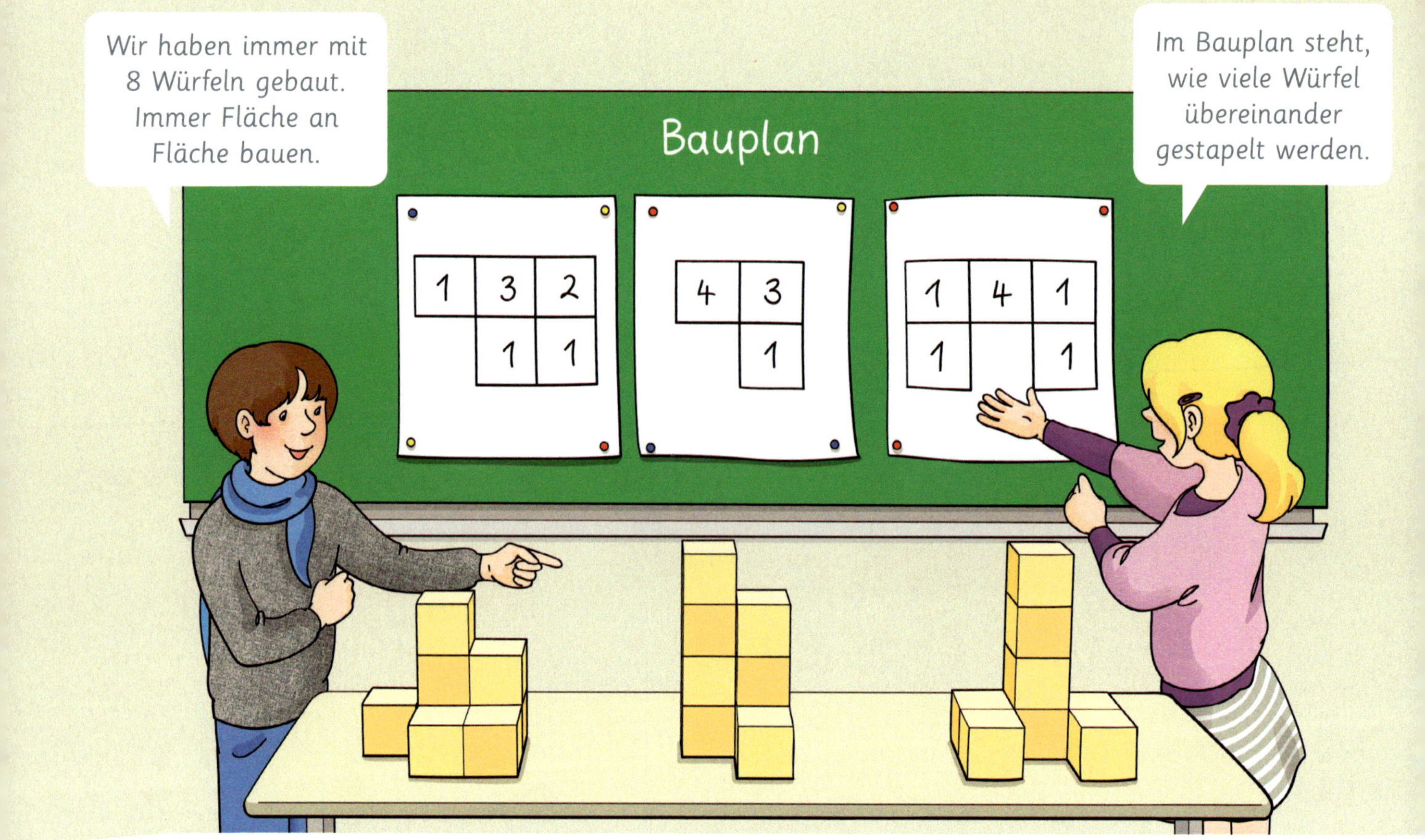

Wir haben immer mit 8 Würfeln gebaut. Immer Fläche an Fläche bauen.
Bauplan
1 3 2
1 1
4 3
1
1 4 1
1 1
Im Bauplan steht, wie viele Würfel übereinander gestapelt werden.

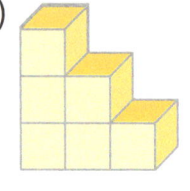

○ **1** Immer 6 Würfel. Baut nach. Zeichnet den Bauplan.

a)

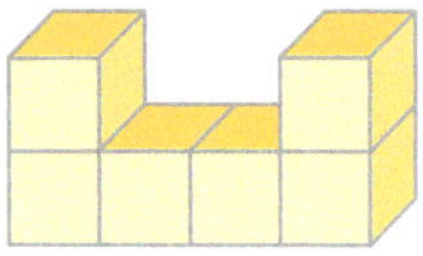

b)

c)

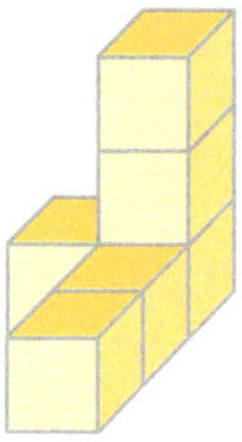

d)

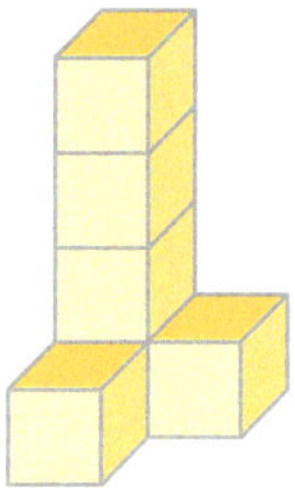

e)

1 a) | 2 | 1 | 1 | 2 |

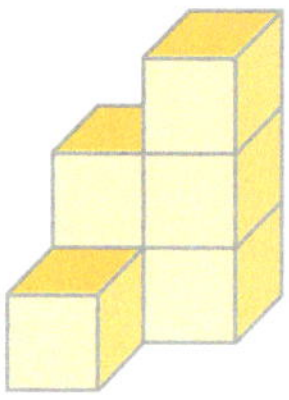

○ **2** Immer 7 Würfel. Baut nach dem Plan. Beschreibt.

a)

1	4	1
	1	

b)

3	2
2	

c)

3	2
1	1

d)

2		2
1	1	1

❀ **3** Baut Würfelgebäude …

a) … mit 3 Würfeln. b) … mit 4 Würfeln. c) … mit 5 Würfeln.

d) … mit __ Würfeln.

Zeichnet die Baupläne. Beschreibt.

1 Bauplan zu den abgebildeten Würfelgebäuden zeichnen. 2 Nach Plänen bauen. 3 Eigene Gebäude bauen, Plan zeichnen und das Gebäude einem Partner diktieren. Dabei die Begriffe: *Einer-*, *Zweier-*, *Dreierturm*, *rechts*, *links*, *davor*, *dahinter* benutzen.

■ (P, K, D) → Arbeitsheft, Seite 14 → Förderheft, Seite 15

4 a) Aus ...   macht ...
	3
2	1

	2
2	2

b) Aus ...   macht ...
	3	
2	1	2

	4	
1	2	1

c) Aus ...   macht ...
2	2
2	2

3	2
2	3

d) Aus ...   macht ...
4	2

3	2
2	4

e) Aus ...   macht ...
3	2	1

4	3	2

f) Aus ...   macht ...
4	1	4

2	2	2

5 Immer 1 Würfel mehr. Setzt fort. Zeichnet die Baupläne.

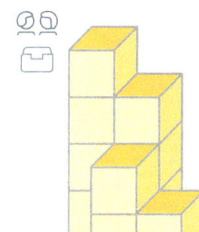   

6 Immer 1 Würfel weniger. Setzt fort. Zeichnet die Baupläne.

7 Baut auf dem Plan. Zeichnet die Baupläne.

a) Baut mit 6 Würfeln.

b) Baut mit 7 Würfeln.

c) Baut mit ___ Würfeln.

d) Baut mit 6 Würfeln auf einem eigenen Plan.

Mila

4 Linken Bauplan nachbauen, mit rechtem vergleichen. Würfel versetzen, wegnehmen oder ergänzen.   5, 6 Baupläne der Gebäude zeichnen. Serie fortsetzen. Dazu die nächsten zwei Gebäude bauen und die Baupläne zeichnen.   7 Viele verschiedene Lösungen finden. Dabei möglichst systematisch vorgehen. Gemeinsam alle Lösungen an der Tafel sammeln und sortieren.

(P, K, D)   → Arbeitsheft, Seite 14   → Förderheft, Seite 15

Orientierung im Hunderterraum

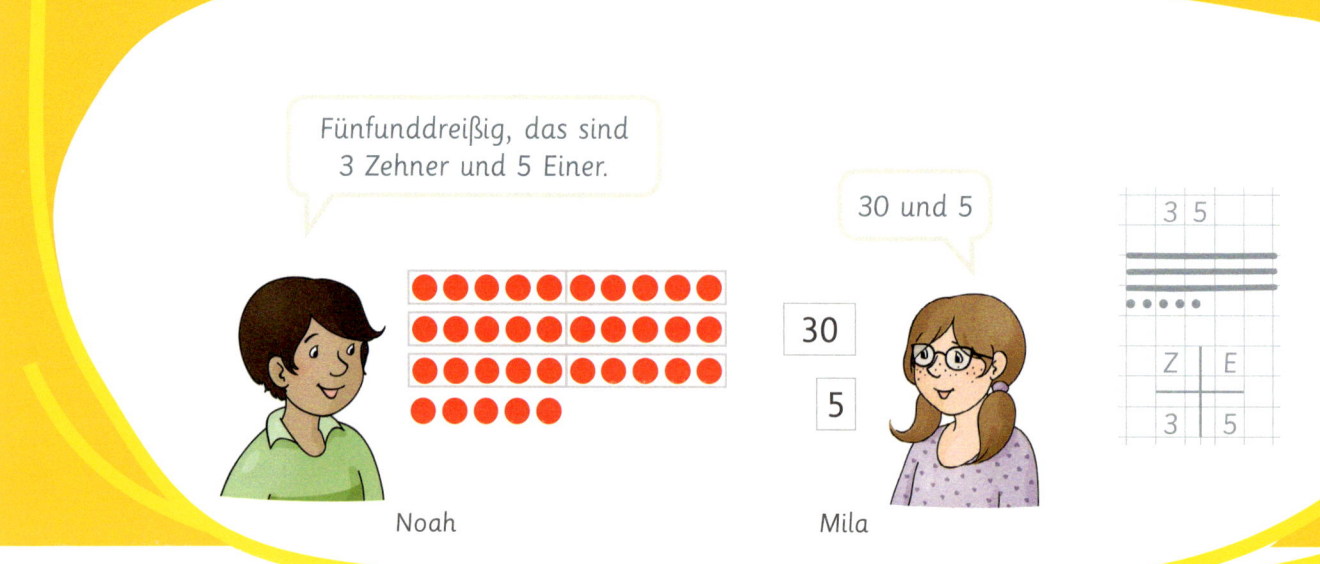

*1 Legt Zahlen mit Zehnerstreifen und Einerplättchen. Wie heißen die Zahlen?
a) 13, 43, 83, 93
b) 18, 81, 8, 80
c) Legt Zahlen.

*2 Legt und verändert.

a) Aus 13 macht 23.
   Aus 47 macht 57.
   Aus 85 macht 95.

b) Aus 30 macht 60.
   Aus 40 macht 80.
   Aus 50 macht 100.

c) Aus 11 macht 22.
   Aus 44 macht 66.
   Aus 33 macht 88.

d) Legt Zahlen und verändert sie.

3 a) Legt die Zahl und die Umkehrzahl.
   Was stellt ihr fest?
   13 und 31   32 und 23
   47 und 74   53 und 35
   19 und ___   61 und ___
   27 und ___   33 und ___

*b) Legt und schreibt Zahlen und Umkehrzahlen.

26   Material zur Darstellung von Zahlen besprechen. Die Zahlenkarten mit der Stellenwerttafel vergleichen. **1** Ein Kind legt die Zahl mit den Streifen, ein Kind mit den Zahlenkarten; beide Kinder nennen das Zahlwort. **2** Zahlbilder auf Veränderungen untersuchen. **3** Umkehrzahlen thematisieren, über Zahlendreher sprechen.

(K, A) → Arbeitsheft, Seite 15 → Förderheft, Seiten 16–18

Die Zahlen bis 100

4 Wie viele ungefähr? Schätze geschickt.

5 Lege und zerlege in Zehner und Einer.
a) 15, 35, 55, 75, 95

4 a)	1	5	=	1	0	+	5
	3	5	=	3	0	+	5

b) 16, 61, 36, 63, 33

c) 48, 76, 82, 98, 77

Lilly

35 sind 3 Zehner und 5 Einer, also 30 plus 5.

6 Lege und rechne.
a) 13 = 10 + __   b) 25 = 20 + __   c) 48 = 40 + __   d) 57 = 50 + __
   13 = 3 + __   25 = 5 + __   48 = 8 + __   57 = 7 + __

e) 40 + 2   f) 70 + 4   g) 50 + 7   h) 90 + 1
   42 − 2   74 − 4   57 − 7   91 − 1

7 Wählt Zahlen. Zerlegt in Zehner und Einer. Findet ihr auch mehrere Zerlegungen?

45 sind 40 plus 5

45 sind auch 30 plus 10 plus 5.

7)	4	5	=	4	0	+	5			
	4	5	=	3	0	+	1	0	+	5
	4	5	=	2	0	+	1	0	+	1	0	+	5

Das Hunderterfeld

✱ **1** Zeigt mit dem Winkel am Hunderterfeld. Beschreibt.

| 10 | 30 | 28 | 25 | 50 | 75 | 50+4 | 40+5 | 30+5 | |

2 Verändert die Zahlen geschickt.
a) Aus 15 macht 45.
Aus 15 macht 75.
Aus 15 macht 95.

b) Aus 18 macht 58, 88, 98.

c) Stellt euch Aufgaben.

3 ⚡ **Wie viele?**

28

4 Zeichne die Zahlbilder, sprich und schreibe.

a)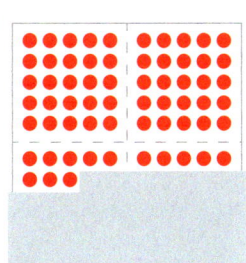
b)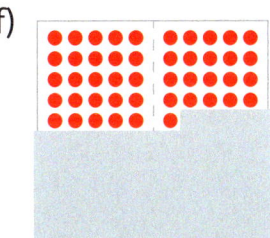
c)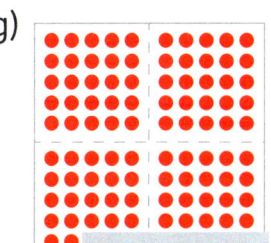

d) e) f) g)

5 Schreibe die Zahlen.

a) 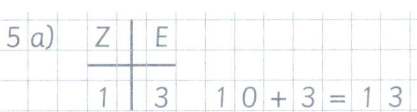 b)  c)

d)  e)  f)  g) h)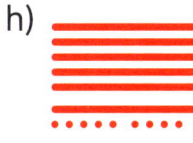

6 Zeichne und schreibe.

a) 41, 43, 45, 47, 49 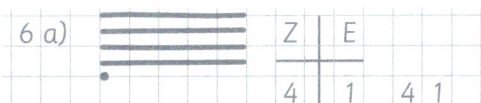 b) 50, 52, 54, 56, 58

7 Finde viele verschiedene Zahlen. Zeichne und schreibe.

a) mit 1 0   b) mit 2 0   c) mit 3 0

d) mit  0   e) mit 5   f) mit 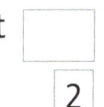 2   g) mit

8 Zeichne ein Hunderterfeld.

4, 5 Zahlbilder mit Zehnerstrich und Einerpunkten als zeichnerische Darstellung von Zehnern vereinbaren (mögliche Zahlendreher ansprechen). 6 Zahlbilder zeichnen. Zahlenfolgen erkunden. 7 Zahlen zu vorgegebenen Eigenschaften suchen und darstellen. Auf die Zahldarstellung im kleinen Hunderterfeld neben der Seitenzahl 29 hinweisen.

Die Zahlenreihe bis 100

1 Beschreibt die Zahlenreihe.

2 Zeigt und nennt immer 2 Zahlen.

Lena   8 und 18   Marta

a) 8 und 18   11 und 21
   49 und 59   __ und __

b) 15 und 51   14 und 41
   19 und 91   __ und __

c) Findet immer 2 Zahlen, die ähnlich sind.

3 Zeige die Zahlen und vergleiche sie: < oder >?

a) 36 ● 63   3 a) 3 6 < 6 3   b) 17 ● 71   c) 20 + 9 ● 32   d) 34 ● 40 + 3
   75 ● 57   20 ● 2   90 + 2 ● 23   92 ● 20 + 2
   54 ● 45   51 ● 49   40 + 9 ● 40   68 ● 80 + 2

4 Nachbarzahlen. Zeige und schreibe auf.

a) 15   4 a) 1 4, 1 5, 1 6   b) 73   c) 21   d) 29   e) 80
   35   3 4, 3 5,   87   41   49   90
   55   92   81   69   100

f) Schreibe Zahlen mit ihren Nachbarzahlen.

5 Nachbarzahlen. Zurück zum Vorgänger und vorwärts zum Nachfolger.

a) 10 − 1   b) 50 − 1   c) 19 − 1   d) 77 − 1   e) 55 − 1   f) 99 − 1
   10 + 1   50 + 1   19 + 1   77 + 1   55 + 1   99 + 1

6 Zählen

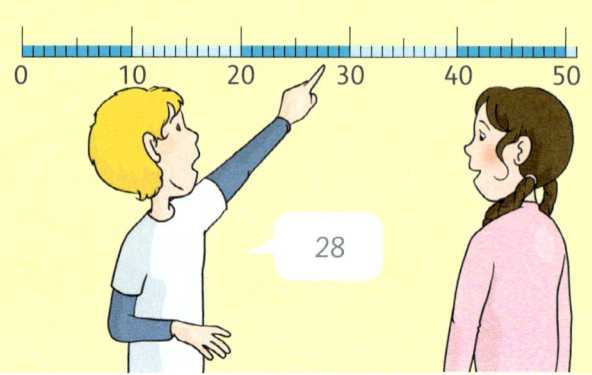

28   29, 30, 31

Zahl an der Zahlenreihe bis 100 zeigen, nennen und weiterzählen.

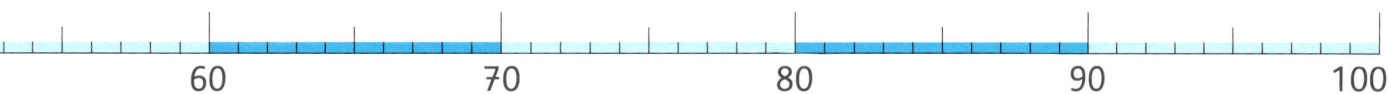

○ **7** Immer zwischen 2 Zehnerzahlen. Zeige die Zahlen an der Zahlenreihe.
a) 60, 64, 70   b) 30, 37, 40   c) 50, 58, 60

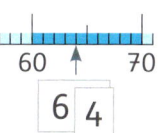

○ **8** Nachbarzehner. Zurück zur Zehnerzahl.
a) 12 − __ = 10   b) 36 − __ = 30   c) 87 − __ = 80   d) Finde ebenso
   13 − __ = 10   35 − __ = 30   77 − __ = 70   Aufgaben.
   14 − __ = 10   34 − __ = 30   67 − __ = 60

○ **9** Nachbarzehner. Vorwärts zur Zehnerzahl.
a) 12 + __ = 20   b) 36 + __ = 40   c) 87 + __ = 90   d) Finde ebenso
   13 + __ = 20   35 + __ = 40   77 + __ = 80   Aufgaben.
   14 + __ = 20   34 + __ = 40   67 + __ = 70

○ **10** Nachbarzehner. Zeige und schreibe auf.
a) 14      b) 75   c) 23   d) 43   e) 20
   34   85   26   21   80
   54   95   28   89   100

10 a) 10, 14, 20
       30, 34,

○ **11** Finde Zahlen zwischen den Nachbarzehnern.
a) 10 und 20   11 a) 11, 12, 13, 14, 15, 16, 17, 18, 19

b) 40 und 50   c) 60 und 70   d) 70 und 80   e) 90 und 100

○ **12** ⚡ Ergänzen zum Zehner

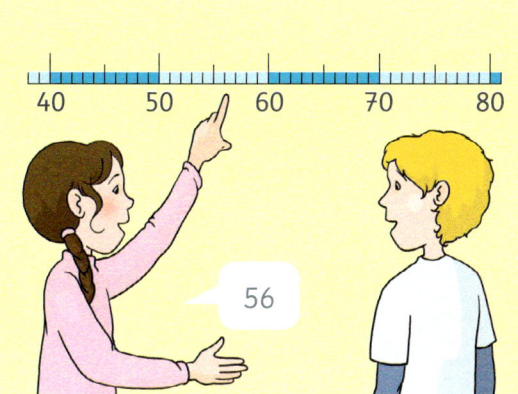

Zahl zeigen, nennen und zur nächsten Zehnerzahl ergänzen.

56 + 4 = 60
6 + 4 = 10
56

7–10 Den Begriff *Nachbarzehner* besprechen.   11 Strukturgleichheiten zwischen zwei Zehnerzahlen erkennen und nutzen.

Der Rechenstrich

✽ 1 Zeichne einen Rechenstrich und trage Zahlen ungefähr ein.

Überlege:
Welche Zahlen helfen dir?

○ 2 Trage die Zahlen am Rechenstrich ein.

a) 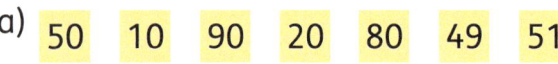 50 10 90 20 80 49 51

b) 50 25 75 85 15 5 95

c)  63 36 81 18 12 24 99

d) 11 66 55 22 88 44 77

✽ 3 Immer 10 weiter. Starte mit
    a) 13   b) 6   c) 27   d) 22   e) 49   f) 50   g) Wähle andere Startzahlen.

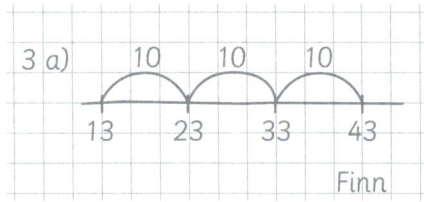   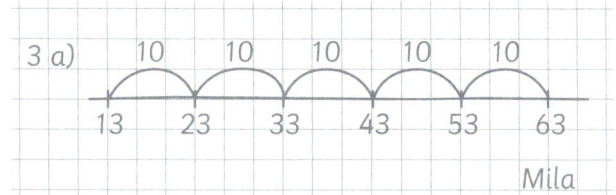

✽ 4 Immer 10 zurück. Starte mit
    a) 87   b) 63   c) 77   d) 99   e) 54   f) 50   g) Wähle andere Startzahlen.

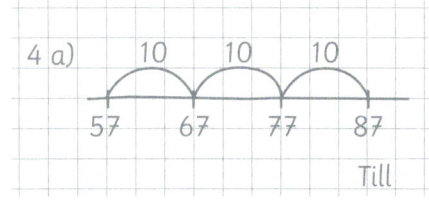   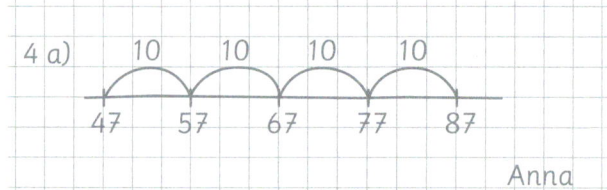

5 Immer 5 vor und zurück.
Starte mit 15, 40, 83.

Wähle andere Startzahlen. Was fällt dir auf?

6 Immer 10 vor und zurück.
Zeichne und rechne.
Starte mit 15, 40, 83.

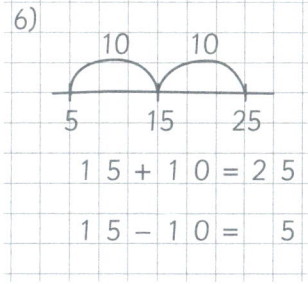

Wähle andere Startzahlen. Was fällt dir auf?

7 Starte mit den Zahlen 25, 47, 73.
Immer 5 weiter. 2-mal.

Immer 2 weiter. 5-mal.

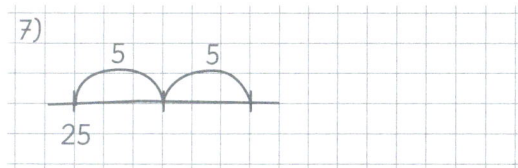   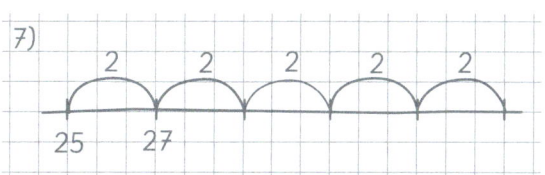

Wähle andere Startzahlen. Was fällt dir auf?

8 Starte mit den Zahlen 45, 57, 63.
Immer 5 weiter. 4-mal.

Immer 10 weiter. 2-mal.

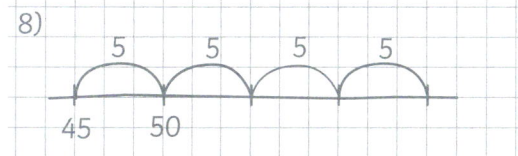   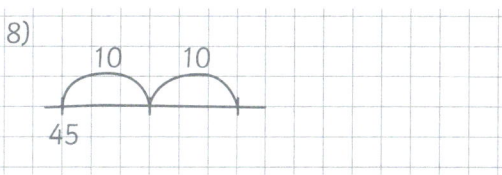

Wähle andere Startzahlen. Was fällt dir auf?

9 ⚡ **Zählen in Schritten**

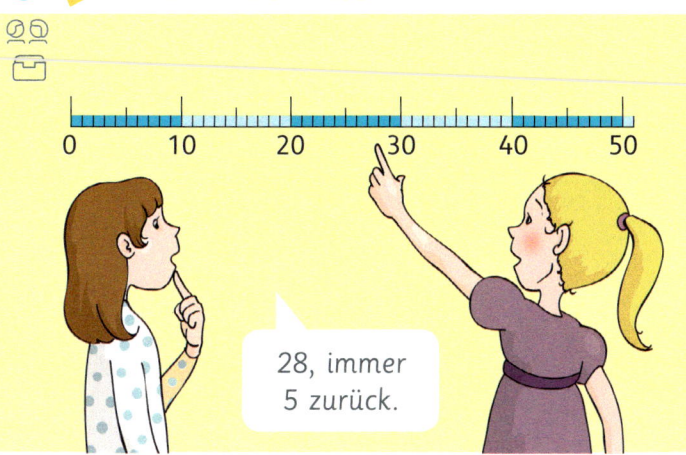

Startzahl und Schritte nennen,
in Schritten zählen und zeigen.

28, immer 5 zurück.

28, 23, 18, …

5–8 Sprünge an der Zahlenreihe mithilfe des Rechenstrichs notieren, dabei auf die Einer achten.

(K, A) → Arbeitsheft, Seite 18   → Förderheft, Seiten 22, 23

Ergänzen bis 100

"Bis zur Hundert fehlen noch 40." — Ben

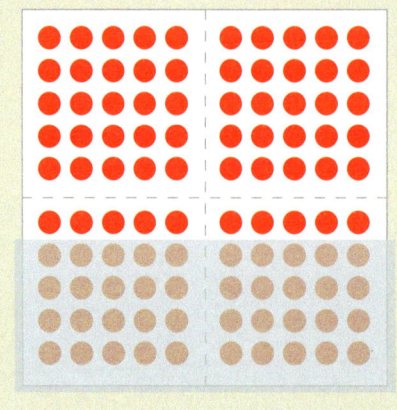

$60 + 40 = 100$ — Lilly

1 Immer 100.

a) 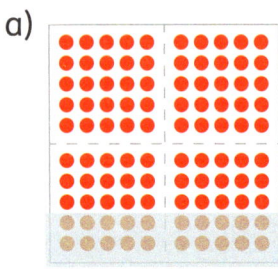   b) 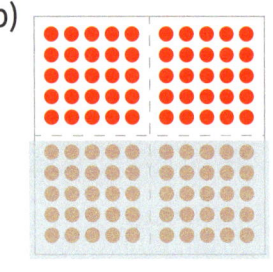   c) 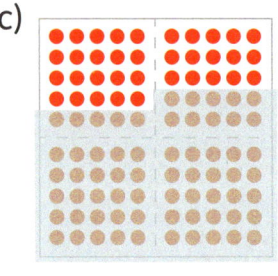   d)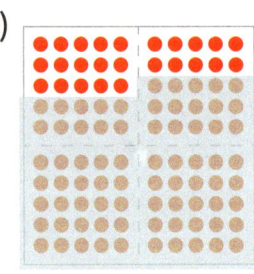

1 a) $80 + 20 = 100$

2 Rechne und zeige am Hunderterfeld.

a) $90 + \_\_ = 100$ b) $20 + \_\_ = 100$ c) $91 + \_\_ = 100$ d) $95 + \_\_ = 100$
   $80 + \_\_ = 100$ $25 + \_\_ = 100$ $93 + \_\_ = 100$ $84 + \_\_ = 100$
   $70 + \_\_ = 100$ $30 + \_\_ = 100$ $95 + \_\_ = 100$ $73 + \_\_ = 100$
   $60 + \_\_ = 100$ $35 + \_\_ = 100$ $97 + \_\_ = 100$ $62 + \_\_ = 100$

e) Schreibe Aufgaben mit der Summe 100.

3 Ergänzen bis 100

77

77 + 23

Zahl legen, nennen und bis 100 ergänzen.

3 bis zur 80, 23 bis zur 100

80 + 20

1 Struktur des Hunderterfelds beim Ergänzen hervorheben: Wie kann man ohne abzuzählen die Anzahl der abgedeckten Zehner und Einer herausbekommen? 2 Struktur zwischen den Aufgaben beschreiben und nutzen.

○ **4** Immer 100.

a)
60   100

| 4 a) | 6 0 + 4 0 = 1 0 0 |

b)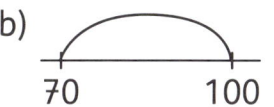
70   100

c)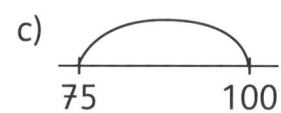
75   100

● **5** Rechne und zeichne am Rechenstrich.

a) 30 + __ = 100
35 + __ = 100

5 a)   70
30   100   3 0 + 7 0 = 1 0 0

65
30 35   100   3 5 + 6 5 = 1 0 0

b) 40 + __ = 100
45 + __ = 100

c) 20 + __ = 100
27 + __ = 100

d) 70 + __ = 100
74 + __ = 100

e) 50 + __ = 100
52 + __ = 100

f) 40 + __ = 100
49 + __ = 100

● **6** Immer 3 Aufgaben. Was fällt dir auf?

a) 17 + __ = 20
17 + __ = 50
17 + __ = 100

b) 13 + __ = 20
13 + __ = 50
13 + __ = 100

c) 18 + __ = 20
18 + __ = 50
18 + __ = 100

d) 12 + __ = 20
12 + __ = 50
12 + __ = 100

e) Finde immer 3 Aufgaben, die zusammen passen.

● **7** Rechne die einfachste Aufgabe zuerst. Kreuze an.

a) 37 + __ = 100
40 + __ = 100
43 + __ = 100

b) 64 + __ = 100
60 + __ = 100
56 + __ = 100

40 + 60 = 100 ist die einfachste Aufgabe.

c) 17 + __ = 100
20 + __ = 100
27 + __ = 100

d) 33 + __ = 100
23 + __ = 100
30 + __ = 100

e) 42 + __ = 100
58 + __ = 100
50 + __ = 100

f) 20 + __ = 100
19 + __ = 100
21 + __ = 100

g) Finde ebenso Aufgaben.

● **8** Finde eine einfache Aufgabe, die beim Rechnen helfen kann.

a) 57 + __ = 100

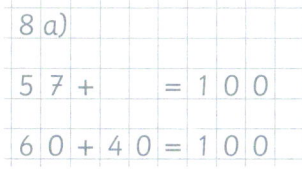

b) 71 + __ = 100
e) 13 + __ = 100
h) 43 + __ = 100

c) 17 + __ = 100
f) 11 + __ = 100
i) 26 + __ = 100

d) 39 + __ = 100
g) 91 + __ = 100
j) 68 + __ = 100

k) Finde ebenso Aufgaben.

Rückblick

Ich kann die Zahlen bis 100 lesen, schreiben und vergleichen.

Vorgänger und Nachfolger einer Zahl heißen Nachbarzahlen: 25, **26**, 27

Die Zehnerzahlen vor und nach einer Zahl heißen Nachbarzehner: 20, **26**, 30

1 Schreibe die Zahlen.

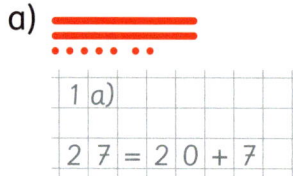   b)    c)    d)    e)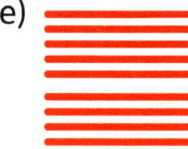

2 Zeichne die Zahlbilder.
a) 12   b) 71   c) 55   d) 25   e) 75   f) 100

3 Zeichne einen Rechenstrich und trage die Zahlen ungefähr ein.

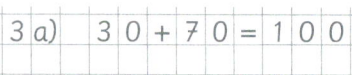

4 a) Schreibe die Nachbarzahlen zu 12, 25, 57, 90.

b) Schreibe die Nachbarzehner zu 12, 25, 57, 90.

5 Ergänze zur 100.
a) 30   3 a) 3 0 + 7 0 = 1 0 0   b) 40   c) 25   d) 55

e) 51   f) 49   g) 99

6 ⚡ Übt immer wieder.

   Wie viele? (Seite 28)   Zählen in Schritten (Seite 33)
Zählen (Seite 30)   Ergänzen bis 100 (Seite 34)
Ergänzen zum Zehner (Seite 31)   Welche Zahl? (Seite 37)

Wesentliche Aspekte des Kapitels noch einmal reflektieren.

(K) → Arbeitsheft, Seite 20 → Förderheft, Seite 26

Forschen und Finden: Die Hundertertafel

✱ 1 Jede Zahl hat ihren Platz.
Beschreibt die Hundertertafel.

- In der 1. Zeile stehen …
- Wie viele Zeilen?
- In der 10. Spalte stehen …
- Wie viele Spalten?
- Wo stehen gerade und wo ungerade Zahlen?
- Die Zahlen in einer Spalte vergrößern sich um …

10. Spalte
1. Zeile

1	2	3	4	5	6	7	8	9	10
11	12	13	14	15	16	17	18	19	20
21	22	23	24	25	26	27	28	29	30
31	32	33	34	35	36	37	38	39	40
41	42	43	44	45	46	47	48	49	50
51	52	53	54	55	56	57	58	59	60
61	62	63	64	65	66	67	68	69	70
71	72	73	74	75	76	77	78	79	80
81	82	83	84	85	86	87	88	89	90
91	92	93	94	95	96	97	98	99	100

✱ 2 Trefft die Umkehrzahl.
Legt ein Plättchen auf die 14 und geht damit:
a) erst 3 Zehner weiter, dann 3 Einer zurück.

b) erst 3 Einer zurück, dann 3 Zehner weiter.

c) Verfahrt genauso mit den Startzahlen 25, 36, 47, 59.

Bei welchen Zahlen trefft ihr die Umkehrzahl? Begründet.

d) Wählt Startzahlen.

1	2	3	4
11	12	13	14
21	22	23	24
31	32	33	34
41	42	43	44

○ 3 ⚡ Welche Zahl?

47

Zahl zeigen und nennen.

1 Strukturen der Hundertertafel besprechen. 2 Wege in der Hundertertafel erkunden. 3 Zahlen durch Nachbarschaftsbeziehungen herausfinden.

(K, A, P) → Arbeitsheft, Seite 21 → Förderheft, Seite 27

Geldwerte

Euro-Münzen

Euro-Scheine

100 Cent sind 1 Euro. 1 € = 100 ct

1 Wer hat mehr Geld?

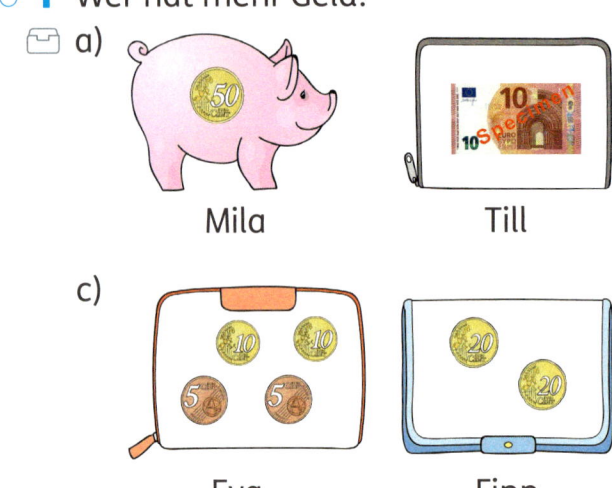

2 Wie viel Euro?

2 a) 5 2 €

3 Wie viel Cent?

3 a) 6 6 ct

4 Lege und zeichne.

a) 28 ct
36 ct
67 ct

4 a) 20 5 2 1

b) 34 €
75 €
42 €

c) 12 € 55 ct
31 € 31 ct
56 € 73 ct

d) Lege und zeichne eigene Beträge.

5 Immer 100 €.

a) Lege den Betrag mit 1, 2, 4, 5, 6, 7, 8, ... Scheinen.

5 a) 1 Schein [100]

2 Scheine [50] [50]

b) Warum kann man 100 € nicht mit 3 Scheinen legen?

Ich habe vier Scheine bekommen.

6 a) Lege mit 5 Scheinen.
25 €, 30 €, 35 €, 40 €

6 a) 25 €: [5] [5] [5] [5] [5]

b) Lege mit 3 Scheinen.
60 €, 70 €, 80 €, 90 €

c) Lege mit 4 Scheinen.
30 €, 50 €, 70 €, 90 €

7 Wie viel Geld kann es sein? Finde Möglichkeiten. In einem Sparschwein sind ...

a) ... zwei Scheine,

b) ... zwei Münzen,

c) ... ein Schein und eine Münze.

8

Weniger als 50 Euro

Zwischen 50 und 100 Euro

Mehr als 100 Euro

Sammelt Beispiele.

3–7 Über Banknoten sprechen. Wechseln von Eurobeträgen mit Rechengeld vornehmen. 8 Plakate gestalten, um den Wert des Geldes begreifbar zu machen.

(P, K, A, M, D) → Arbeitsheft, Seite 22 → Förderheft, Seite 28

Längen: Meter und Zentimeter

1 Erzähle.

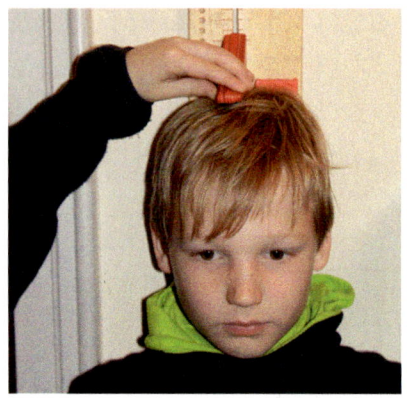  

2 Zeichne Strecken.

a) 5 cm   b) 10 cm   c) 9 cm

d) 1 cm   e) 4 cm   f) 12 cm

g) 15 cm   h) 20 cm   i) ___ cm

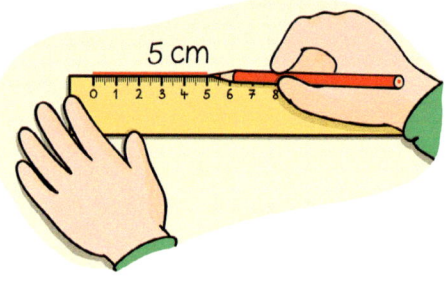

3 Ein Metermaß selbst gemacht.

1. Nimm einen Papierstreifen von 1 Meter Länge.

2. Halbiere.   3. Halbiere nochmals.

4. Du erhältst:

5. Trage die Zentimeter ein.

100 Zentimeter sind 1 Meter.   1 m = 100 cm

1 Die im ersten Schuljahr erworbenen Kompetenzen zum Messen aktivieren. Über den Nutzen verschiedener Messinstrumente sprechen.   2 Zeichnen mit dem Lineal. Auf Messskala achten.   3 Ein Metermaß selbst herstellen, um eine Vorstellung von den Längen „1 Meter" und „100 mal 1 Zentimeter" aufzubauen. Kurzschreibweise besprechen: 1 m = 100 cm.

(P, D) → Förderheft, Seite 29

4 Mein Körperbuch.

a)

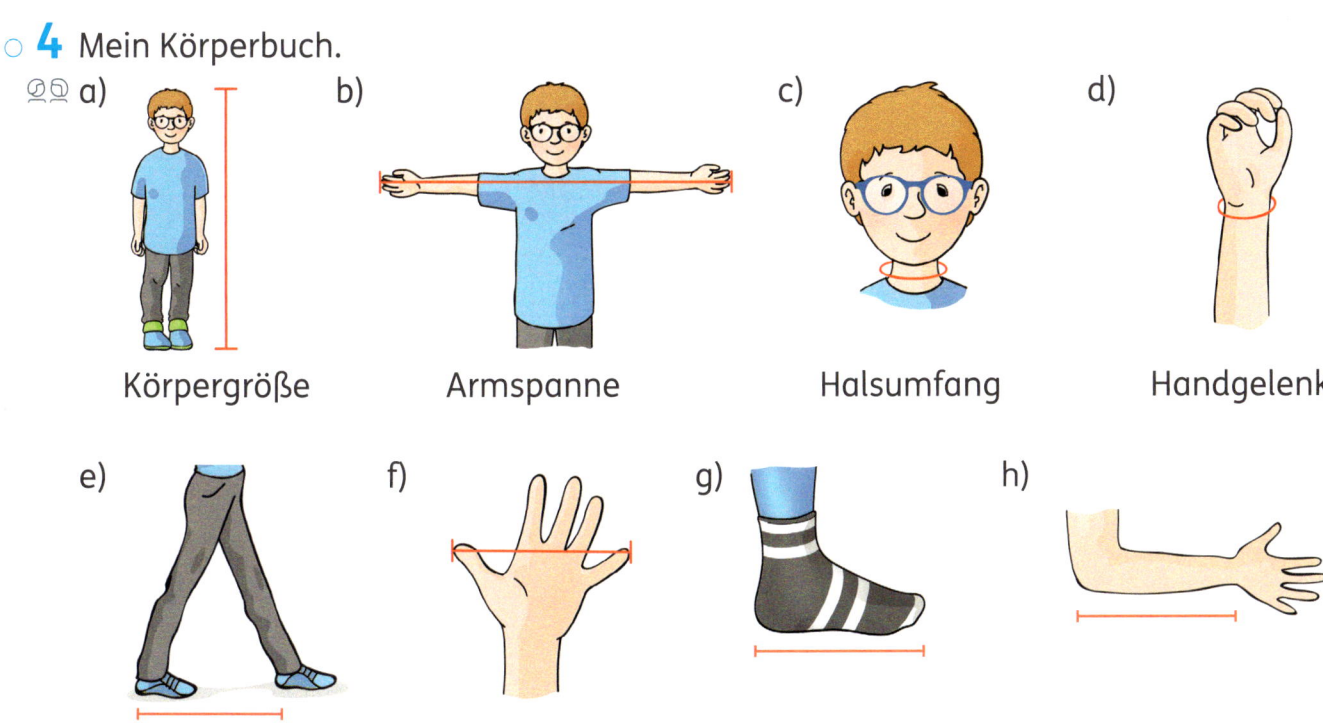

Körpergröße — Armspanne — Halsumfang — Handgelenk

Schritt — Handspanne — Fuß — Unterarm

5 Vergleiche. Was fällt dir auf?

6 Schätzt und messt.

a) Tisch   b) Stuhl   c) Zahlenbuch

5 a) Tisch lang: geschätzt 1 m 50 cm, gemessen:
      breit:
      hoch:

d) Sucht und sammelt Gegenstände, die ungefähr 1 cm (30 cm, 1 m und 2 m) lang sind. Schätzt zuerst und überprüft durch Messen.

Der Tisch ist länger als ein Meter, denn ein großer Schritt ist ungefähr ein Meter.

Gut geschätzt.

Addition im Hunderterraum

"Ich rechne Zehner und Einer extra."

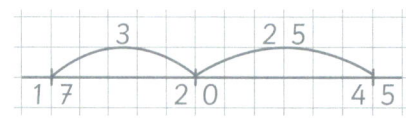

"Ich rechne schrittweise erst bis zur 20. Dann müssen noch 25 addiert werden."

1 Mit Zehnern rechnen. Vergleiche die Summen.

a) 10 + 34
20 + 34
30 + 34

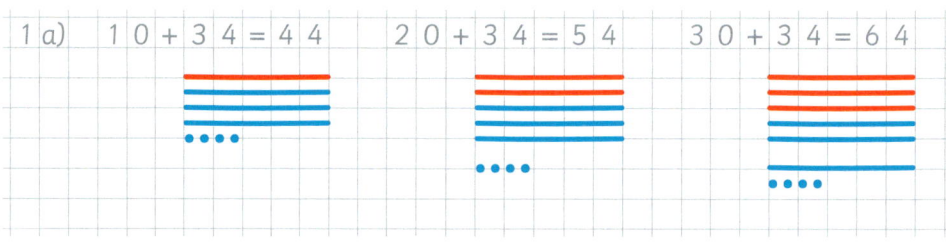

b) 20 + 15
40 + 15
60 + 15

c) 30 + 18
30 + 28
30 + 38

d) 20 + 26
20 + 46
20 + 66

e) 40 + 13
50 + 23
60 + 33

f) 40 + 11
40 + 31
40 + 51

2 Mit Einern rechnen. Vergleiche die Summen.

a) 15 + 3
25 + 3
35 + 3

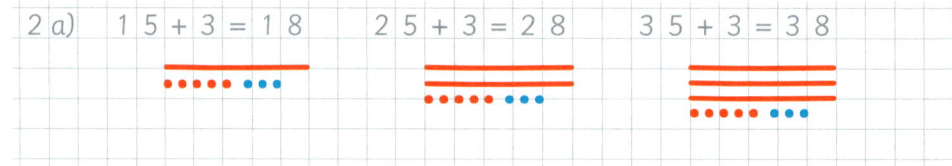

b) 13 + 2
23 + 2
33 + 2

c) 15 + 4
35 + 4
55 + 4

d) 8 + 5
28 + 5
48 + 5

e) 6 + 8
36 + 8
66 + 8

f) 3 + 9
43 + 9
83 + 9

3 a) 16 + 3
16 + 4
16 + 5

b) 25 + 2
25 + 5
25 + 8

c) 33 + 5
33 + 7
33 + 9

d) 54 + 4
54 + 6
54 + 8

e) 98 + 1
98 + 2
98 + 3

Begriff *Summe* wiederholen. Aufgaben sammeln, die für die Kinder einfach bzw. schwierig sind. Listen erstellen und immer wieder aufgreifen. In nächster Zeit öfter kontrollieren, ob bislang als schwierig geltende Aufgaben mittlerweile einfach(er) zu rechnen sind.   **1–3** Grundstock an einfachen Aufgaben im Hunderterraum aufbauen.

■ (K, D)   → Arbeitsheft, Seite 23   → Förderheft, Seiten 30-32

Einfache Plusaufgaben

Tauschaufgaben haben immer dasselbe Ergebnis: 27 + 30 = 30 + 27

4 Rechne die Aufgabe oder ihre Tauschaufgabe.
a) 27 + 30
40 + 16
41 + 20
50 + 18
34 + 50

b) 10 + 58
26 + 40
12 + 70
72 + 10
63 + 30

c) 47 + 3
7 + 62
5 + 31
7 + 56
8 + 41

d) Finde Aufgaben, die du einfacher mit der Tauschaufgabe rechnest.

5 Zwei Aufgaben, eine Summe. Begründe.
a) 27 + 2
22 + 7

b) 45 + 4
44 + 5

c) 37 + 6
36 + 7

d) 48 + 5
45 + 8

e) 22 + 9
29 + 2

f) Finde passende Aufgaben.

6 Zwei Aufgaben, eine Summe. Begründe.
a) 23 + 5
20 + 8

b) 74 + 3
70 + 7

c) 27 + 6
20 + 13

d) 38 + 5
30 + 13

e) 12 + 9
10 + 11

f) Finde passende Aufgaben.

7 Beginne immer mit einer einfachen Aufgabe. Kreuze sie an und vergleiche.
a) 32 + 8
32 + 9
32 + 10

b) 27 + 8
27 + 9
27 + 10

c) 57 + 10
57 + 8
57 + 6

d) 83 + 6
83 + 8
83 + 10

e) 71 + 9
72 + 9
73 + 9

8 Finde Plusaufgaben. Die Summe ist ...
a) ... größer als 50.   8 a) 23 + 30 > 50   23 +

b) ... zwischen 40 und 50.
c) ... eine Zehnerzahl.
d) ... kleiner als 50.

9 Einfache Plusaufgaben

Zehner dazu oder Einer dazu: Aufgabe nennen, legen oder zeichnen und rechnen.

14 + 40

54

Erst 40 plus 10 und dann noch plus 4.

40 + 4 und dann +10.

4 Von den beiden Tauschaufgaben die einfachere erkennen und rechnen.   5, 6 Operations- und Zahlverständnis für zweistellige Zahlen vertiefen.   7 Das Ableiten im Hunderterraum anbahnen.   8 Grundlagen des Überschlagsrechnens besprechen.

(P, K, A, D) → Arbeitsheft, Seite 23   → Förderheft, Seiten 30-32

Verdoppeln und Halbieren

1 Wie verdoppeln die Kinder 26? Beschreibt.

Verdoppelt ebenso.
a) 14　　　b) 25　　　c) 33　　　d) 36　　　e) 49

2 Verdopple. Zeichne und rechne.

a) 30 + 30　　　b) 20 + 20　　c) 30 + 30　　d) 40 + 40
　　2 + 2　　　　　8 + 8　　　　7 + 7　　　　4 + 4
　　32 + 32　　　　28 + 28　　　37 + 37　　　44 + 44

3 a) Ben bekommt 8 € Taschengeld. Mara bekommt **doppelt so viel** Taschengeld wie Ben. ?

b) Max hat 12 €. Er hat **doppelt so viel** Geld wie Paula. ?

c) Julia hat 15 € mehr als Meret. Sie hat **doppelt so viel** Geld wie Meret. ?

d) Mila und Eva haben zusammen 60 €. Mila hat **doppelt so viel** Geld wie Eva. ?

e) Finde weitere Rechengeschichten zum Verdoppeln.

4 **Verdoppeln**

Zehner- oder Fünferzahl nennen, legen oder zeichnen und verdoppeln.

35 + 35　　30 + 30
　　　　　　5 + 5

1, 2 Lösungswege selbst entwickeln und besprechen. Mit Material legen, zeichnen und rechnen. Stellenwertgerechte Notation besprechen (Vorübung für halbschriftliches Rechnen). **3** Aufgaben mit Rechengeld lösen. Mathematische Fragen entwickeln und besprechen. Auf Formulierungen *zusammen, mehr als, doppelt so viel* besonders eingehen.

(K, D) → Arbeitsheft, Seite 24　→ Förderheft, Seite 33

5 Wie halbieren die Kinder 56? Beschreibt.

Ich zerlege: Die Hälfte von 50 sind 25, die Hälfte von 6 sind 3.

Metin: 50 = 25 + 25; 6 = 3 + 3; 56 = 28 + 28

Mila: Ich rechne mit Geld. 20 + 5 + 3 = 28

Halbiert ebenso.
a) 24   b) 46   c) 52   d) 68   e) 90

6 Halbiere. Lege und rechne.

a) 30
   8
  38

6 a) $30 = 15 + 15$
$8 = 4 + 4$
$38 = 19 + 19$

b) 40
   8
  48

c) 50
   6
  56

d) 60
   6
  66

7 a) Marie bekommt 12 € Taschengeld. Ihr kleiner Bruder Till bekommt **halb so viel** Taschengeld wie Marie. ?

b) Noah hat 16 €. Er hat **halb so viel** Geld wie Frida. ?

c) Lisa hat 20 € weniger als Kim. Sie hat **halb so viel** Geld wie Kim. ?

d) Marta und Ina haben zusammen 60 €. Beide haben **gleich viel** Geld. ?

e) Finde weitere Rechengeschichten zum Halbieren.

8 Halbieren

70 — Die Hälfte ist 35.

Zehnerzahl nennen, legen oder zeichnen und halbieren.

$70 = 35 + 35$
$60 = 30 + 30$
$10 = 5 + 5$

5, 6 Lösungswege selbst entwickeln und besprechen. Mit Material legen, zeichnen und rechnen. Stellenwertgerechte Notation besprechen (Vorübung für halbschriftliches Rechnen). 7 Aufgaben mit Rechengeld lösen. Mathematische Fragen entwickeln und besprechen. Auf Formulierungen *zusammen, weniger als, halb so viel* besonders eingehen.

(K, D) → Arbeitsheft, Seite 24 → Förderheft, Seite 33

Schwierige Plusaufgaben

1 Wie rechnet ihr die Aufgabe **35 + 46**? Vergleicht eure Rechenwege.

2 Schrittweise. Rechne und schreibe den Rechenweg wie Metin.

Erst die Zehner dazu, dann die Einer.

Metin

a) 35 + 46
35 + 40
75 + 6

b) 27 + 18
27 + 10
37 + 8

c) 54 + 32
54 + 30
__ + 2

d) 43 + 38
43 + 30
__ + 8

e) 27 + 48
27 + __
__ + __

f) 57 + 36
57 + __
__ + __

3 Zehner und Einer extra. Rechne und schreibe den Rechenweg wie Max.

Zehner plus Zehner, Einer plus Einer.

Max

a) 35 + 46
30 + 40
5 + 6
70 + 11

b) 24 + 54
20 + 50
4 + 4
70 + 8

c) 28 + 32
20 + 30
8 + 2
__ + __

d) 28 + 35
20 + 30
8 + 5
__ + __

e) 47 + 26
40 + __
__ + __
__ + __

f) 79 + 13
70 + __
__ + __
__ + __

4 Wie rechnest du? Schreibe deinen Rechenweg auf.

a) 17 + 22
15 + 31
13 + 45
16 + 53
12 + 24

4 a) Schrittweise
17 + 22 = 39
17 + 20 = 37
37 + 2 = 39

b) 31 + 15
36 + 23
33 + 45
38 + 31
34 + 42

c) 27 + 13
58 + 32
65 + 25
39 + 41
36 + 34

d) 25 + 26
27 + 34
29 + 45
23 + 38
28 + 34

5 Finde Aufgaben, die du mit dem Rechenweg rechnest.
a) Schrittweise   b) Zehner und Einer extra

6 Schöne Päckchen. Erkläre.

a) 32 + 5
22 + 15
12 + 25
2 + 35

b) 45 + 4
35 + 14
25 + 24
15 + 34

c) 58 + 6
48 + 16
38 + 26
28 + 36

d) 63 + 9
43 + 29
23 + 49
3 + 69

7 Hilfsaufgaben. Rechne und schreibe den Rechenweg wie Ina.

"19 ist nah an 20. Ich rechne eine Hilfsaufgabe."

27 + 19 = 46
27 + 20 = 47
47 − 1 = 46

Ina

a) 27 + 19
   27 + 20
   47 − 1

b) 29 + 54
   30 + 54
   84 − 1

c) 15 + 48
   15 + 50
   ___ − 2

d) 17 + 69
   17 + 70
   ___ − 1

e) 79 + 13
   80 + 13
   ___ −

f) 48 + 32
   50 + 32
   ___ −

8 Rechne geschickt mit Hilfsaufgaben. Schreibe deinen Rechenweg auf.

a) 45 + 19
   38 + 19
   43 + 19
   65 + 19

8a) 45 + 19 = 64
     45 + 20 = 65
     65 − 1 = 64

b) 13 + 29
   13 + 39
   13 + 48
   13 + 28

c) 25 + 18
   55 + 18
   38 + 18
   69 + 18

d) 33 + 28
   22 + 29
   55 + 28
   22 + 79

✽ 9 Finde Aufgaben, die du gut mit Hilfsaufgaben rechnen kannst.

10 Schöne Päckchen. Beschreibe und begründe.

a) 39 + 16
   44 + 16
   49 + 16
   54 + 16
   59 + 16

10a)
39 + 16 = 55 ↓ Die 1. Zahl wird immer um 5 größer.
44 + 16 = 60
49 + 16 = 65 ↓ Die 2. Zahl bleibt gleich.
54 + 16 = 70
59 + 16 = 75 ↓ Deshalb wird die Summe immer um 5 größer.
+ 5 + 0 + 5

b) 27 + 19
   30 + 19
   33 + 19
   36 + 19
   39 + 19

c) 17 + 44
   19 + 44
   21 + 44
   23 + 44
   25 + 44

d) 17 + 43
   22 + 38
   27 + 33
   32 + 28
   37 + 23

e) 48 + 43
   50 + 41
   52 + 39
   54 + 37
   56 + 35

11 Die Kinder haben eine Plusaufgabe gerechnet. Die Summe ist 48.

a) Till erhöht die erste Zahl um 3 und die zweite Zahl um 2.
Wie ändert sich die Summe?

b) Paula erhöht die erste Zahl um 7 und verringert die zweite Zahl um 5.
Wie ändert sich die Summe?

c) Metin ändert beide Zahlen und erhält die Summe 58.
Wie könnte er die Zahlen verändert haben? Finde verschiedene Möglichkeiten.

7–9 Strategie „Hilfsaufgabe" kennenlernen und bewusst anwenden. 10 Regelmäßigkeiten auch mit Forschermitteln (z. B. mit Pfeilen oder Farben) begründen. 11 Strukturen in Rätselform erkennen und nutzen.

(P, K, A, D) → Arbeitsheft, Seiten 25, 26 → Förderheft, Seiten 34–36

Aufgaben am Rechenstrich

1 Wie rechnen die Kinder? Beschreibe und notiere die Rechenwege.

2 Wie rechnest du? Zeichne am Rechenstrich.
    a) 64 + 17   b) 37 + 59   c) 75 + 18   d) 25 + 29   e) 39 + 18
       58 + 24   46 + 49   64 + 28   34 + 19   27 + 29

Kontrolliere: Die Summen sind immer Nachbarzahlen.

3 Wie rechnest du? Zeichne am Rechenstrich.
    a) 42 + 39   b) 28 + 62   c) 47 + 24   d) 58 + 17   e) 59 + 24
       49 + 42   29 + 71   44 + 37   49 + 36   79 + 14

Kontrolliere: Die Summen unterscheiden sich immer um 10.

4 Welche Plusaufgabe wurde gerechnet?

a)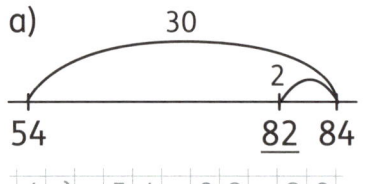

b)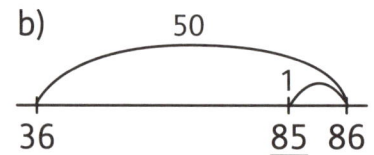

c)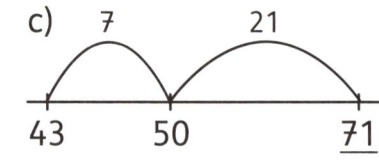

d)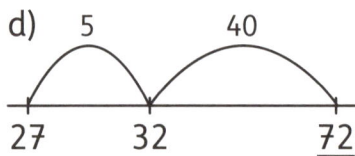

e)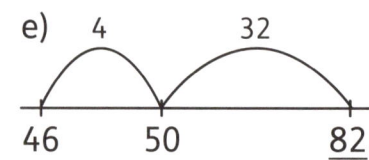

e)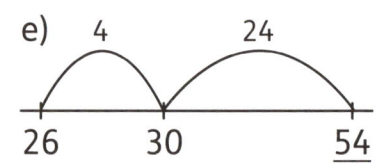

✱ **5** Finde Aufgaben mit der Summe.
   a) 51   b) 47   c) 81   d) 77   e) Wähle eine Summe und finde Aufgaben dazu.

Die 1. Zahl ist um 5 kleiner, also muss die Zahl am Bogen um 5 größer werden. Dann ist die Summe wieder 51.

• **6** Zahlenrätsel. Wie heißt die Aufgabe?
   a) Ich rechne schrittweise: Erst 6 zum Zehner vor und dann 12 weiter. Ich erhalte 52.

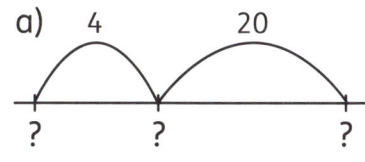

   b) Ich rechne schrittweise: Erst 3 zum Zehner vor und dann 21 weiter. Ich erhalte 71.

   c) Ich rechne mit einer Hilfsaufgabe: Erst 20 vor, dann 1 zurück. Ich erhalte 38.

   d) Ich rechne mit einer Hilfsaufgabe: Erst 50 vor und dann 2 zurück. Ich erhalte 61.

   e) Finde Zahlenrätsel.

• **7** Finde Plusaufgaben zu den Rechenstrichen.

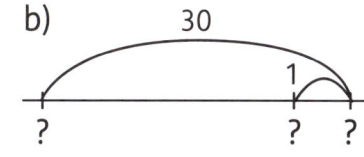

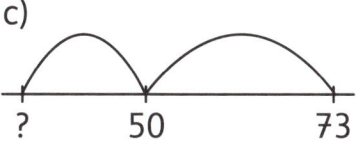
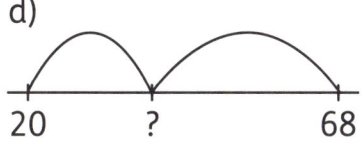
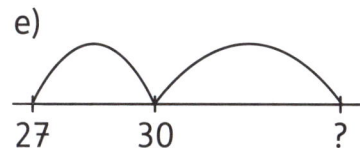

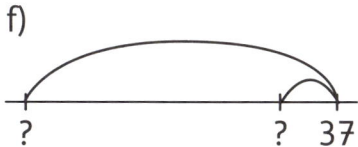
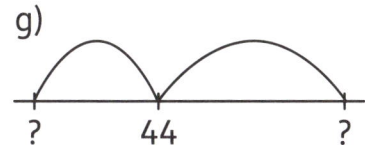
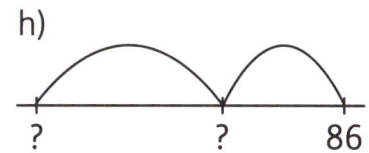

Rückblick

Ich kann einfache Plusaufgaben erkennen und rechnen. Ich kann Zahlen verdoppeln und halbieren. Ich kann Rechenwege für schwierige Plusaufgaben finden und notieren.

1 Einfache Plusaufgaben.
a) 32 + 10
   62 + 10
b) 25 + 30
   55 + 30
c) 11 + 7
   41 + 7
d) Finde 5 einfache Plusaufgaben.

2 a) Verdopple: 32, 34, 36, 38   b) Halbiere: 40, 50, 60, 70   c) Halbiere: 80, 78, 76, 74

3 Rechne **Zehner und Einer extra**. Schreibe den Rechenweg auf.
a) 13 + 25
   43 + 45
b) 25 + 14
   55 + 24
c) 14 + 36
   54 + 46
d) Finde 5 Aufgaben, die zu diesem Rechenweg passen.

4 Rechne **schrittweise**. Zeichne den Rechenstrich dazu.
a) 13 + 34
   23 + 54
b) 32 + 25
   62 + 35
c) 23 + 37
   63 + 27
d) Finde 5 Aufgaben, die zu diesem Rechenweg passen.

5 Rechne mit einer **Hilfsaufgabe**. Schreibe deinen Rechenweg auf.
a) 17 + 19
   57 + 29
b) 32 + 49
   53 + 39
c) 42 + 18
   72 + 28
d) Finde 5 Aufgaben, die zu diesem Rechenweg passen.

6 Welche Plusaufgabe wurde gerechnet? Schreibe den Rechenweg auf.

a)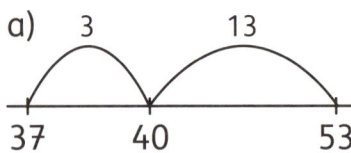
b)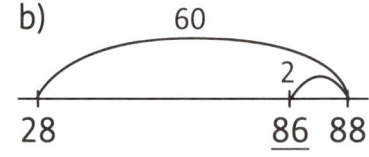
c)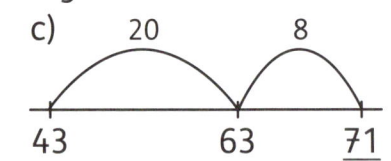

7 Finde Plusaufgaben. Die Summe ist …
a) … größer als 75.
b) … zwischen 50 und 75.
c) … kleiner als 25.

8 Übt immer wieder.

Einfache Plusaufgaben (Seite 43)   Verdoppeln (Seite 44)
Halbieren (Seite 45)

Forschen und Finden: Zahlenmauern

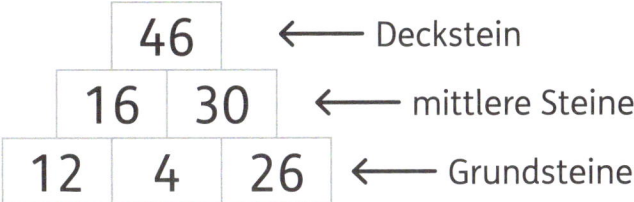

- Deckstein
- mittlere Steine
- Grundsteine

Wie kann ich die Zahlen noch vertauschen?

Anna

1 Zahlenmauern vergleichen.
   a) Findet alle Zahlenmauern mit den Zahlen 12, 17, 21 in den Grundsteinen.
   b) Wie viele verschiedene Decksteine erhaltet ihr? Begründet.
   c) Findet alle Zahlenmauern mit den Zahlen 21, 13, 15 (9, 12, 8) in den Grundsteinen.

2 Findet Zahlenmauern mit den Zahlen. Wie viele gibt es?

a)
24	15	12
9	3	36

b)
31	19	15
12	34	65

c)
11	2	36
13	23	12

d)
10	7	17
11	18	35

3 Findet Zahlenmauern mit den Zahlen. Wie viele gibt es?

a)
17	38	13
34	21	?

b)
25	13	52
27	14	?

c)
9	27	10
46	17	?

d)
48	3	12
36	27	?

4 Zahlenmauern mit aufeinander folgenden Zahlen.
Wählt 3 aufeinander folgende Zahlen für die Grundsteine und tragt sie der Reihe nach ein.
Findet eine Zahlenmauer mit folgenden Decksteinen.

a) Im Deckstein steht 60 (80).

b) Im Deckstein steht eine Zahl zwischen 90 und 100.

c) Im Deckstein steht eine gerade Zahl.

d) Wählt Zielzahlen und sucht nach passenden Zahlen für die Grundsteine.

Der Reihe nach: links die kleinste, rechts die größte Zahl.

Der Deckstein wird bestimmt viel größer als 50.

Formen legen

Die kleinen Dreiecke bilden die Beine, das schiefe Viereck den Schweif, das Quadrat den Hals und das mittlere Dreieck den Kopf.

Ina   Eva

1 Lege nach. Beschreibe.

a)    b) 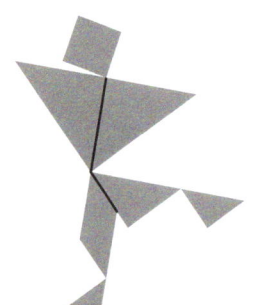   c)    d)

2 Lege nach.

a)    b)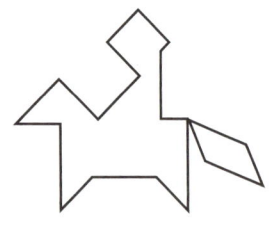

Ich sehe sofort, wohin das Quadrat gehört.

c)    d)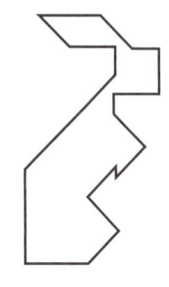

Max

3 Finde Figuren. Zeichne.

52

1 Tangramformen nachlegen. Bei der Beschreibung Fachwörter üben.   2 Strategien entwickeln, wie Umrissfiguren nachgelegt werden können (KV nutzen).   3 Eigene Figuren aus Tangramformen legen und zeichnen. Bei Problemen die Legeformen umfahren. Wörter: *(kleines, mittleres, großes) Dreieck, Quadrat, schiefes Viereck* (alternativ auch *Parallelogramm*) nutzen.

(P, D) → Arbeitsheft, Seiten 30   → Förderheft, Seiten 39, 40

• **4** Legt nach.

a)

b)

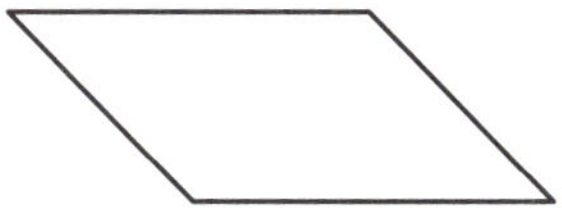

c)

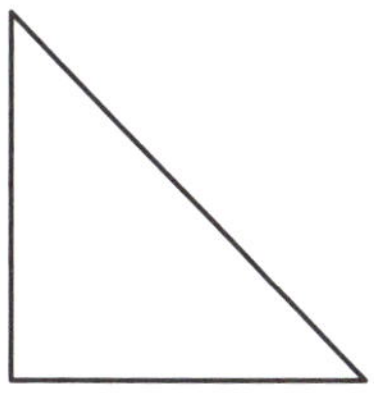

d)

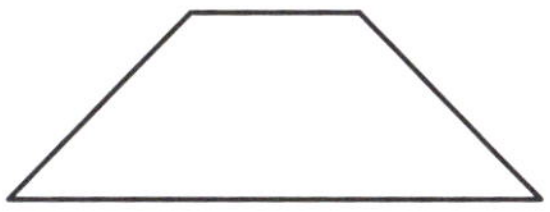

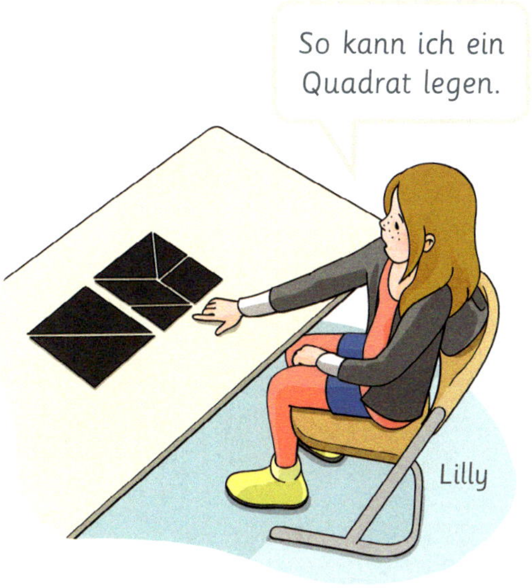

So kann ich ein Quadrat legen.

Lilly

• **5** Legt Dreiecke und Quadrate. Findet verschiedene Möglichkeiten.

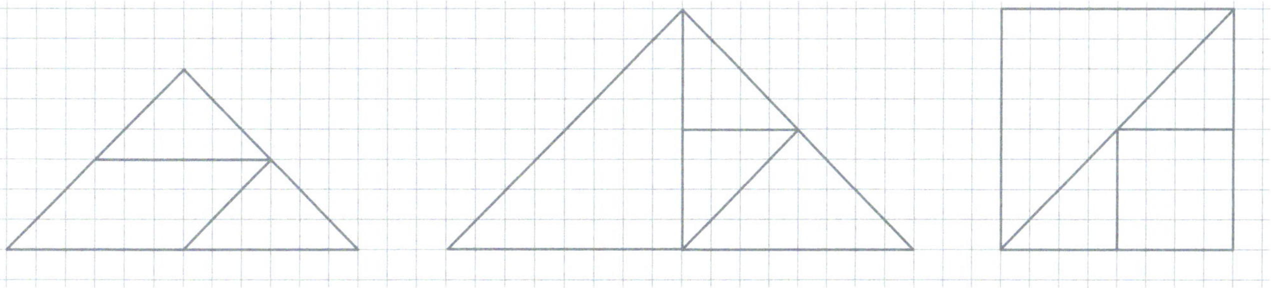

• **6** a) Aus ... mache 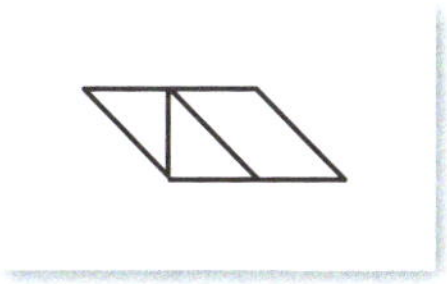 ...     b) Aus ... mache ...

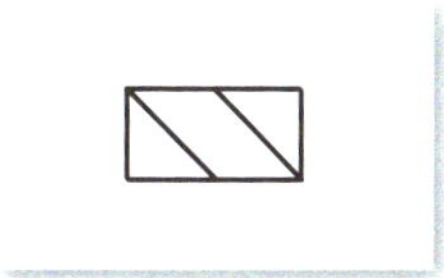

c) Aus ... mache ... 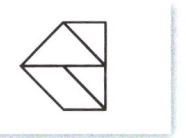   d) Aus 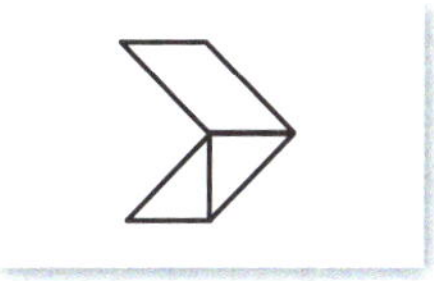 ... mache ...

e) Aus 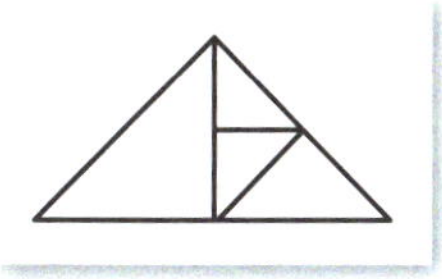 ... mache ... 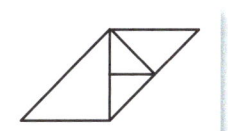   f) Aus 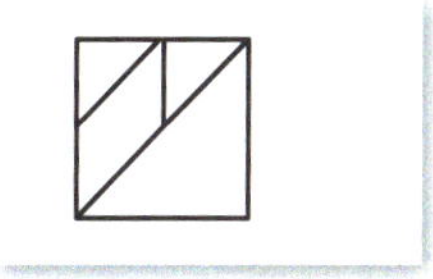 ... mache ...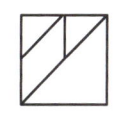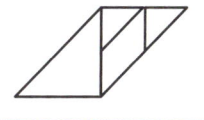

g) Lege eine Figur. Lege immer eine Form um. Zeichne.

4 Erkennen, dass alle vier Umrissfiguren aus gleichen Teilfiguren bestehen. 5 Strategien entwickeln, möglichst viele Auslegemöglichkeiten zu finden. KV zum Auslegen benutzen. 6 Figuren nachlegen und durch Umlegen einer Form verändern. Eigene Figuren aus Tangramfiguren legen und verändern.

Falten – Schneiden – Legen

1. Faltet jedes Quadrat zweimal diagonal. 2. Zerschneidet in 4 Dreiecke.

1 Legt mit Dreiecken verschiedene Rechtecke.

Wie viele Dreiecke benötigt ihr jeweils für ein Rechteck?

2 Legt Quadrate …
a) … mit 2 Dreiecken.
b) … mit 4 Dreiecken.
c) … mit 8 Dreiecken.
d) … mit __ Dreiecken.

3 Legt Dreiecke …
a) … mit 2 Dreiecken.
b) … mit 4 Dreiecken.
c) … mit 8 Dreiecken.
d) … mit __ Dreiecken.

4 Legt weitere Figuren mit Dreiecken. Wie viele Ecken haben die Figuren? Wie viele Dreiecke?

6 Ecken, 6 Dreiecke

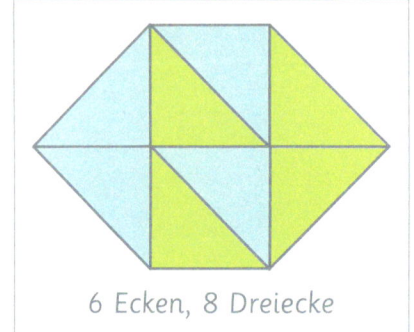
6 Ecken, 8 Dreiecke

Faltung laut Beschreibung handelnd erarbeiten. **1** Rechtecke nachlegen. **1–4** Strategien entwickeln, wie die verschiedenen Formen gelegt werden können. Begriffe *(Dreieck, Quadrat, Rechteck)* wiederholen und um *Sechseck* erweitern, Anzahl an Dreiecken bestimmen und erklären. **4** Eigene Figuren aus Dreiecken legen und zeichnen.

(P, D)

○ **5** Würfel falten. Beschreibt, wie ihr vorgeht.

Ecke
Kante
Fläche

Ihr braucht 6 Quadrate aus Papier.

a) Faltet eine Würfelfläche aus einem Quadrat aus Papier.

1. Markiert die Seitenmitten durch Falten.
2. Faltet links und rechts zur Mitte.
3. Faltet oben und unten zur Mitte.

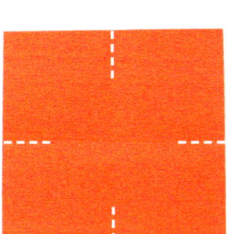  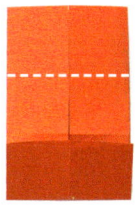

b) Stellt so insgesamt 6 Würfelflächen her.

c) Steckt den Würfel zusammen.

1.    2.    3.

---

5 Faltanleitung nachvollziehen und durchführen (Begriffe *Ecke*, *Kante*, *Fläche* wiederholen). Faltvorgänge beschreiben und evtl. als Faltanleitung zusammentragen. Kleine Klebepunkte an den fertigen Laschen erleichtern das Zusammenfügen der sechs Module zu einem Würfel.

■ (P)

Subtraktion im Hunderterraum

"Ich rechne Zehner und Einer extra." – Paula

57 – 26
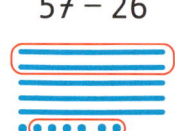

5 7 – 2 6 = 3 1
5 0 – 2 0 = 3 0
  7 –   6 =   1
3 0 +   1 = 3 1

"Ich rechne schrittweise und ziehe erst die Zehner und dann noch die Einer ab." – Eva

5 7 – 2 6 = 3 1
5 7 – 2 0 = 3 7
3 7 –   6 = 3 1

1 Mit Zehnern rechnen. Vergleiche die Differenzen.

a) 34 – 20
   44 – 20
   54 – 20

1 a)   3 4 – 2 0 = 1 4   4 4 – 2 0 = 2 4   5 4 – 2 0 = 3 4

b) 23 – 10   c) 56 – 20   d) 44 – 30   e) 72 – 50   f) 83 – 60
   43 – 10   76 – 20   45 – 30   75 – 50   86 – 60
   63 – 10   96 – 20   46 – 30   78 – 50   89 – 60

2 Mit Einern rechnen. Vergleiche die Differenzen.

a) 17 – 4
   37 – 4
   57 – 4

2 a)   1 7 – 4 = 1 3   3 7 – 4 = 3 3   5 7 – 4 = 5 3

b) 14 – 3   c) 17 – 4   d) 16 – 2   e) 19 – 5   f) 17 – 7
   34 – 3   47 – 4   56 – 2   39 – 5   57 – 7
   54 – 3   77 – 4   96 – 2   59 – 5   97 – 7

3 a) 16 – 3   b) 25 – 2   c) 33 – 1   d) 54 – 2   e) 98 – 7
      16 – 6   25 – 5   33 – 3   54 – 4   98 – 8
      16 – 9   25 – 8   33 – 5   54 – 6   98 – 9

Einfache Minusaufgaben

4 Schöne Päckchen. Beschreibe. Wann musst du einen Zehner anbrechen?

a) 46 − 4
46 − 6
46 − 8

| 4 a) | 46 − 4 = 42 | 46 − 6 = 40 | 46 − 8 = 38 |

b) 34 − 3
34 − 4
34 − 5

c) 57 − 4
57 − 7
57 − 10

d) 86 − 5
86 − 6
86 − 7

e) 34 − 2
34 − 4
34 − 6

f) 75 − 3
75 − 5
75 − 7

5 Lege und rechne.

a) Lege 35 Euro, nimm 4 Euro weg.
Lege 34 Euro, nimm 5 Euro weg.

b) Lege 27 Euro, nimm 5 Euro weg.
Lege 25 Euro, nimm 7 Euro weg.

c) Lege 97 Euro, nimm 6 Euro weg.
Lege 96 Euro, nimm 7 Euro weg.

Wann muss ich wechseln?

Eric

6 Beginne immer mit einer einfachen Aufgabe. Kreuze sie an und vergleiche.

a) 34 − 3
34 − 5
34 − 7

b) 45 − 11
45 − 8
45 − 5

c) 78 − 12
78 − 10
78 − 8

d) 67 − 4
67 − 5
67 − 6

e) 89 − 9
89 − 11
89 − 13

7 Finde Minusaufgaben. Die Differenz ist ...
a) ... kleiner als 50. | 7 a) 54 − 10 < 50 |
b) ... zwischen 50 und 60.
c) ... größer als 60.

8 Einfache Minusaufgaben

65 − 20

45

Zehner weg oder Einer weg:
Aufgabe nennen, legen oder zeichnen
und rechnen.

65 minus 10, minus 10.

Nur die Zehner weg, das ist einfach.

60 minus 20 und dann noch plus 5.

Schwierige Minusaufgaben

1 Wie rechnet ihr die Aufgabe **47 – 23**? Vergleicht eure Rechenwege.

2 Schrittweise. Rechne und schreibe den Rechenweg wie Eric.

Eric: *Erst die Zehner, dann die Einer.*

a) 47 – 23
   47 – 20
   27 – 3

b) 56 – 32
   56 – 30
   26 – 2

c) 63 – 12
   63 – 10
   __ – 2

d) 49 – 28
   49 – 20
   __ – 8

e) 84 – 33
   84 – __
   __ – __

f) 75 – 25
   75 – __
   __ – __

3 Zehner und Einer extra. Rechne und schreibe den Rechenweg wie Mila.

Mila: *Zehner minus Zehner, Einer minus Einer.*

47 – 23 = 24
40 – 20 = 20
 7 – 3 = 4
20 + 4 = 24

a) 47 – 23
   40 – 20
   7 – 3
   20 + 4

b) 78 – 12
   70 – 10
   8 – 2
   60 + 6

c) 75 – 23
   70 – 20
   5 – 3
   __ + __

d) 56 – 24
   50 – 20
   6 – 4
   __ + __

e) 53 – 22
   50 – __
   __ – __
   __ + __

f) 94 – 43
   90 – __
   __ – __
   __ + __

4 Zehner und Einer extra. Rechne und schreibe den Rechenweg wie Mila.

Mila: *Ich muss den Zehner anbrechen: 20 – 4.*

43 – 27 = 16
40 – 20 = 20
 3 – 7 = –4
20 – 4 = 16

a) 43 – 27
   40 – 20
   3 – 7
   20 – 4

b) 32 – 14
   30 – 10
   2 – 4
   20 – 2

c) 63 – 17
   60 – 10
   3 – 7
   __ – __

d) 45 – 28
   40 – 20
   5 – 8
   __ – __

e) 74 – 38
   70 – 30
   4 – 8
   __ – __

f) 92 – 53
   90 – __
   __ – __
   __ – __

5 Finde Aufgaben, die du mit dem Rechenweg rechnest.
  a) Schrittweise
  b) Zehner und Einer extra

6 Hilfsaufgaben. Rechne und schreibe den Rechenweg wie Lena.

19 ist nah an 20.
Ich rechne eine Hilfsaufgabe.

Lena

a) 43 − 19
   43 − 20
   23 + 1

b) 71 − 29
   71 − 30
   41 + 1

c) 43 − 28
   43 − 30
   __ + 2

d) 94 − 27
   94 − 30
   __ + 3

e) 83 − 49
   83 − __
   __ + __

f) 95 − 39
   95 − __
   __ + __

7 Suche Aufgaben, die du gut mit Hilfsaufgaben rechnen kannst.

8 Wie rechnest du? Schreibe deinen Rechenweg auf.

a) 38 − 16
   59 − 28
   77 − 45

b) 54 − 15
   73 − 44
   82 − 23

c) 34 − 13
   67 − 32
   74 − 52

d) 42 − 18
   54 − 28
   63 − 27

e) 24 − 19
   46 − 13
   62 − 31

9 Schöne Päckchen. Beschreibe und begründe.

a) 40 − 6
   45 − 6
   50 − 6
   55 − 6
   60 − 6

9 a)
| 4 0 | − | 6 | = | 3 4 | Die 1. Zahl wird immer um 5 größer.
| 4 5 | − | 6 | = | 3 9 |
| 5 0 | − | 6 | = | 4 4 | Die 2. Zahl bleibt immer gleich.
| 5 5 | − | 6 | = | 4 9 |
| 6 0 | − | 6 | = | 5 4 | Deshalb wird die Differenz immer um 5 größer.
+ 5   + 0   + 5

b) 52 − 8
   54 − 8
   56 − 8
   58 − 8
   60 − 8

c) 32 − 10
   32 − 12
   32 − 14
   32 − 16
   32 − 18

d) 37 − 6
   42 − 11
   47 − 16
   52 − 21
   57 − 26

e) 62 − 20
   60 − 18
   58 − 16
   56 − 14
   54 − 12

10 Die Kinder haben eine Minusaufgabe gerechnet. Die Differenz ist 48.

a) Till erhöht die erste Zahl um 10 und die zweite Zahl um 5.
   Wie ändert sich die Differenz?

b) Paula erhöht die erste Zahl um 10 und verringert die zweite Zahl um 5.
   Wie ändert sich die Differenz?

c) Metin ändert beide Zahlen und erhält die Differenz 40.
   Wie könnte er die Zahlen verändert haben? Finde verschiedene Möglichkeiten.

Aufgaben am Rechenstrich

1 Wie rechnen die Kinder? Beschreibe und notiere die Rechenwege.

2 Wie rechnest du? Zeichne am Rechenstrich.
 a) 78 – 32   b) 53 – 14   c) 62 – 36   d) 81 – 29   e) 49 – 13   f) 95 – 45
    64 – 17   77 – 39   85 – 58   93 – 42   61 – 24   82 – 31

Kontrolliere: Die Differenzen sind immer Nachbarzahlen.

3 Wie rechnest du? Zeichne am Rechenstrich.
 a) 65 – 32   b) 83 – 27   c) 59 – 33   d) 72 – 24   e) 42 – 17   f) 66 – 57
    86 – 43   91 – 45   72 – 56   85 – 27   84 – 49   88 – 69

Kontrolliere: Die Differenzen unterscheiden sich immer um 10.

4 Welche Minusaufgabe wurde gerechnet?

a)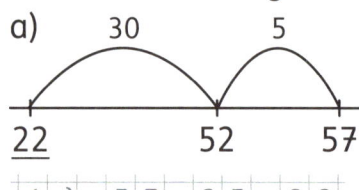

 4 a) 5 7 – 3 5 = 2 2

b)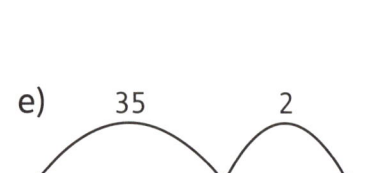

c)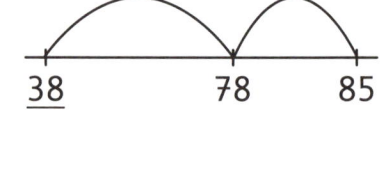

d)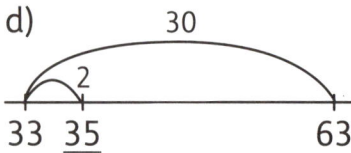

e) (35 ⌢ 2) 55 — 90 — 92

f)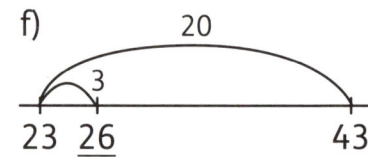

✱ 5 Finde Aufgaben mit der Differenz.
a) 31 b) 57 c) 12 d) 39 e) Wähle eine Differenz und finde Aufgaben dazu.

56 ist 5 vor 61. Um 31 zu erreichen, muss der Bogen auch 5 kürzer werden.

• 6 Zahlenrätsel. Wie heißt die Startzahl?
a) Ich rechne schrittweise: Erst 10 zurück und dann 4 zurück. Ich erhalte 32.

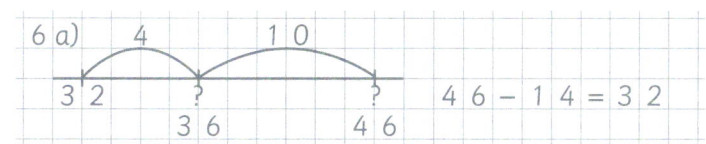

b) Ich rechne schrittweise: Erst 5 zurück und dann 20 zurück. Ich erhalte 19.

c) Ich rechne mit einer Hilfsaufgabe: Erst 30 zurück und dann 1 vor. Ich erhalte 46.

d) Ich rechne mit einer Hilfsaufgabe: Erst 20 zurück und dann 2 vor. Ich erhalte 18.

e) Finde Zahlenrätsel.

• 7 Finde Minusaufgaben zu den Rechenstrichen.

a)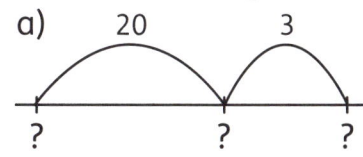

b)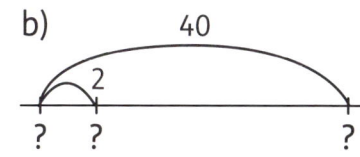

c)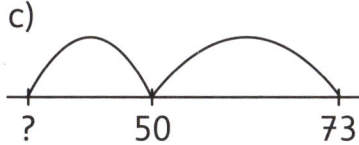

d)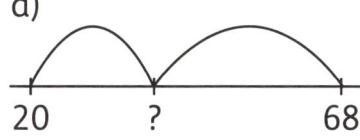

e)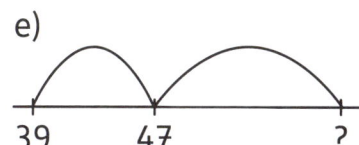

f)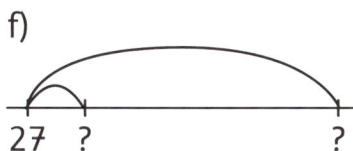

g)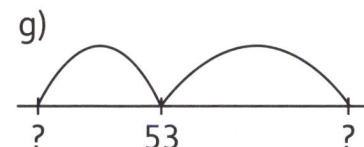

h)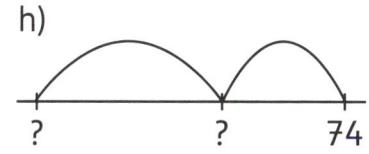

Abziehen und Ergänzen

1 Finde immer vier Aufgaben: Tauschaufgaben und Umkehraufgaben.

a) 31 56 87
b) 47 26 21
c) 52 17 35
d) 66 33 99
e) 81 27 54

1a) 3 1 + 5 6 = 8 7   5 6 + 3 1 = 8 7
     8 7 − 5 6 = 3 1   8 7 − 3 1 = 5 6

2 Wählt eine dritte Zahl und findet vier Aufgaben. Vergleicht.

a) 24 61 __
b) 81 17 __
c) 37 28 __
d) 51 12 __

3 Ergänze zu Zehnerzahlen.

a) 25 + __ = 50
b) 23 + __ = 70
c) 48 + __ = 60
d) 75 + __ = 100

e) 45 + __ = 80
f) 17 + __ = 30
g) 55 + __ = 90
h) 63 + __ = 90

4 Ergänze schrittweise. Rechne und schreibe wie Ben oder Till.

Ich ergänze erst zum nächsten Zehner. — Ben

Ich ergänze erst zum passenden Einer. — Till

58 + __ = 74

Ben:
58 + 16 = 74
58 + 2 = 60
60 + 14 = 74

Till:
58 + 16 = 74
58 + 6 = 64
64 + 10 = 74

a) 58 + __ = 74
b) 46 + __ = 73
c) 17 + __ = 51
d) 24 + __ = 63

e) 45 + __ = 81
f) 29 + __ = 51
g) 47 + __ = 81
h) 32 + __ = 71

5 Zerlegen

Zehnerzahl wählen, zerlegen und Plusaufgabe nennen.

90 gleich

90 gleich 37 + 53

6 Löse durch Ergänzen.

a) 63 – 56
56 – 49
49 – 42
42 – 35
35 – 28

b) 92 – 83
83 – 75
75 – 68
68 – 62
62 – 57

c) 100 – 81
81 – 64
64 – 49
49 – 36
36 – 25

d) 55 – 45
45 – 36
36 – 28
28 – 21
21 – 15

e) 90 – 81
81 – 72
72 – 63
63 – 54
54 – 45

7 Schöne Päckchen. Setze fort.

a) 99 + __ = 100
88 + __ = 100
77 + __ = 100
66 + __ = 100
55 + __ = 100

b) 31 + __ = 60
32 + __ = 59
33 + __ = 58
34 + __ = 57
35 + __ = 56

Die erste Zahl wird immer um 11 kleiner, also …

99 + 1 = 100
88 + 12 = 100

8 Wie rechnen die Kinder 76 – 58?
Wie geht es noch? Findet Rechenwege und vergleicht.

Ich ziehe schrittweise ab, zuerst die Zehner.

Ich ergänze zuerst auf den gleichen Einer.

58 ist nah an 60. Ich rechne eine Hilfsaufgabe.

Ergänzen oder Abziehen
76 – 58

Finn   Anna   Sophie

9 Wie rechnest du? Schreibe deinen Rechenweg auf oder zeichne einen Rechenstrich.

a) 58 – 12
47 – 25
97 – 46
53 – 21
76 – 44

b) 88 – 29
64 – 38
71 – 49
82 – 69
90 – 78

c) 34 – 31
67 – 63
79 – 71
63 – 58
94 – 92

d) 65 – 26
94 – 35
46 – 27
77 – 48
83 – 74

e) 99 – 88
73 – 12
87 – 56
39 – 18
43 – 12

6, 7 Strukturen in Ergänzungsaufgaben erkennen.   8, 9 Verschiedene Rechenwege sammeln und besprechen.

Rückblick

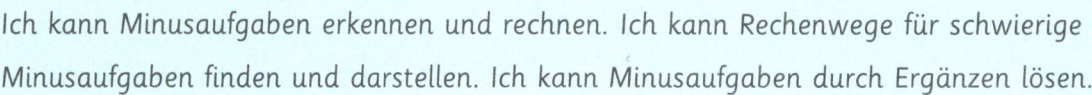

Ich kann Minusaufgaben erkennen und rechnen. Ich kann Rechenwege für schwierige Minusaufgaben finden und darstellen. Ich kann Minusaufgaben durch Ergänzen lösen.

1 Einfache Minusaufgaben.
a) 83 – 30
 83 – 50
b) 38 – 6
 58 – 6
c) 43 – 5
 43 – 7
d) Finde 5 einfache Minusaufgaben.

2 Rechne **Zehner und Einer extra**. Schreibe den Rechenweg auf.
a) 47 – 23
 87 – 43
b) 55 – 32
 75 – 42
c) 74 – 13
 84 – 23
d) Finde 5 Aufgaben, die zu diesem Rechenweg passen.

3 Rechne **schrittweise**. Zeichne den Rechenstrich dazu.
a) 57 – 28
 67 – 48
b) 63 – 35
 83 – 45
c) 45 – 16
 75 – 26
d) Finde 5 Aufgaben, die zu diesem Rechenweg passen.

4 Rechne mit **Hilfsaufgaben**. Schreibe deinen Rechenweg auf.
a) 47 – 19
 54 – 19
b) 71 – 39
 91 – 39
c) 76 – 18
 96 – 28
d) Finde 5 Aufgaben, die zu diesem Rechenweg passen.

5 Löse durch Ergänzen. Schreibe deinen Rechenweg auf und zeichne den Rechenstrich.
a) 87 – 35
 67 – 45
b) 74 – 71
 94 – 91
c) 32 – 18
 72 – 48
d) Finde 5 Aufgaben, die zu diesem Rechenweg passen.

6 Welche Minusaufgabe? Schreibe den Rechenweg auf.

a)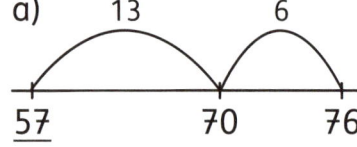
b)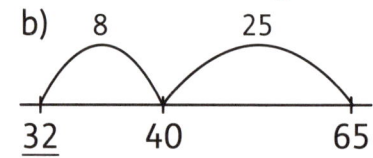
b)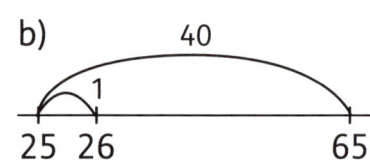

7 Finde Minusaufgaben. Die Differenz ist …
a) … kleiner als 25.
b) … zwischen 50 und 60.
c) … größer als 75.

8 ⚡ **Übt immer wieder.**

Einfache Minusaufgaben (Seite 57)
Zerlegen (Seite 60)

Wesentliche Aspekte des Kapitels noch einmal reflektieren.

Forschen und Finden: Rechenketten

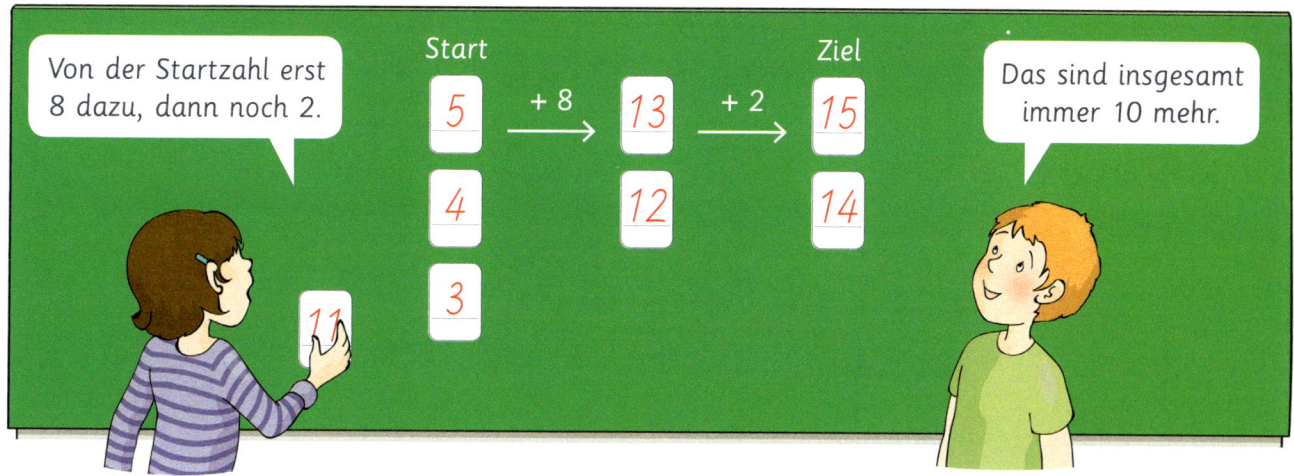

1 a) Start +3 → +17 → Ziel
15 → 18 → 35

Starte die Rechenkette auch mit 19, 34 und 58.

b) Start −4 → −6 → Ziel
15 → 11 → 5

Starte die Rechenkette auch mit 37, 58 und 99.

c) Vergleiche Start- und Zielzahl. Was fällt dir auf? Begründe.

2 Finde verschiedene Rechenketten zu den Start- und Zielzahlen.

a) Start	Ziel	b) Start	Ziel	c) Start	Ziel
17	47	13	35	38	47
29	59	64	42	65	74

3 Umkehrzahlen.

a) Start +20 → −2 → Ziel
13 → 33 → 31

Starte die Rechenkette auch mit 24, 35, 46, 57 und 68.

b) Start +10 → −1 → Ziel
12 → 22 → 21

Starte die Rechenkette auch mit 23, 34, 45, 56 und 67.

c) Vergleiche die Zahlen in der Rechenkette. Was fällt dir auf? Beschreibe.

d) Zeige an der Hundertertafel. Lege für jede Rechenkette Plättchen auf die Startzahl, das Zwischenergebnis und die Zielzahl. Begründe.

11	12	13	14
21	22	23	24
31	32	33	34
41	42	43	44

e) Finde auch Rechenketten für andere Startzahlen.

Spiegeln

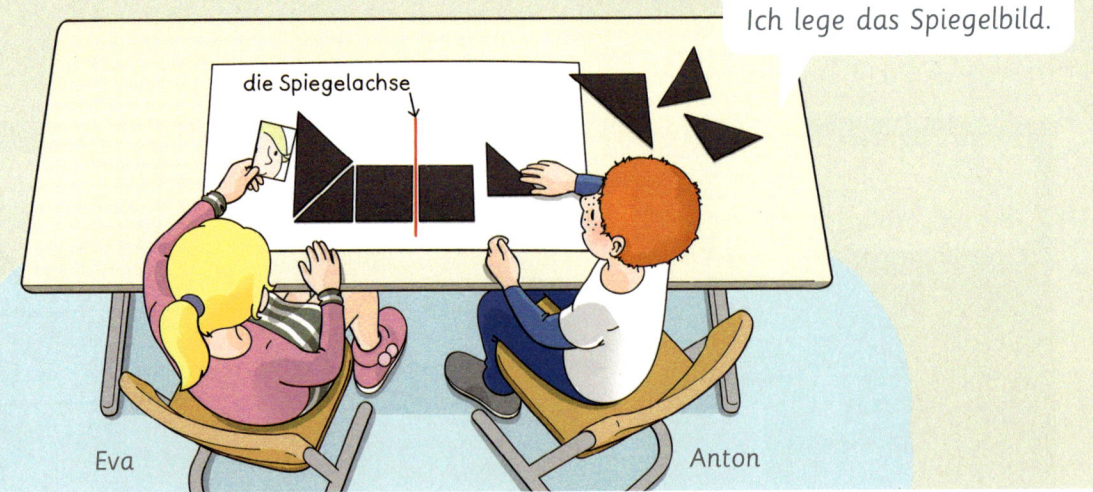

Ich lege das Spiegelbild.

Eva   Anton

 1 Legt Figuren und das Spiegelbild.
Prüft mit dem Spiegel.

2 Finde Figuren mit dem Spiegel. Zeichne die Spiegelachse.

a) 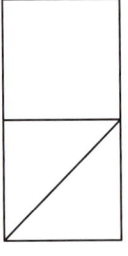   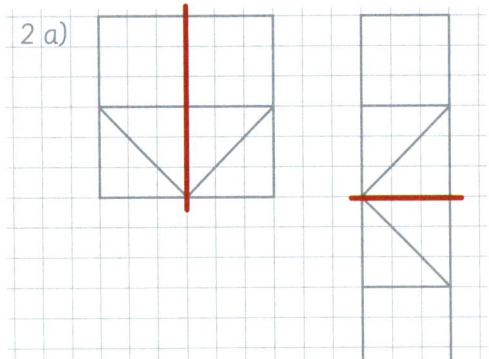   

b)    c) 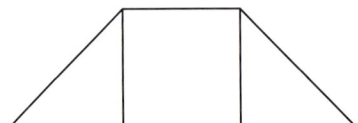   d)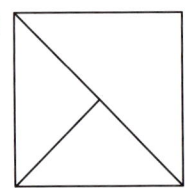

 3 Lege Figuren. Spiegle und zeichne.

4 Spiegelbilder? Erkläre und zeichne neu.

a) 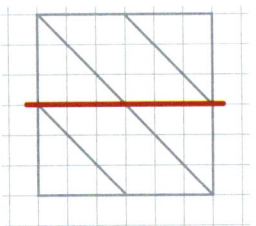   b) 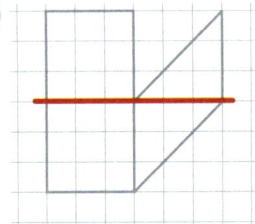   c)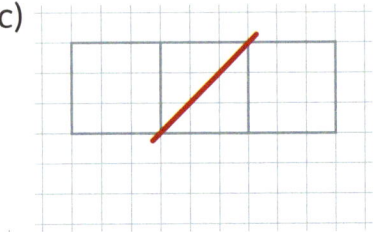

 1 In Partnerarbeit Spiegelbilder mit den Tangramformen erzeugen. Ein Kind legt eine Hälfte, das andere ergänzt symmetrisch. Mit dem Spiegel prüfen.   2 Legefigur nachlegen. Möglichst systematisch den Spiegel an unterschiedlichen Stellen platzieren. Symmetrische Figur zeichnen.   3 Eigene Legefigur wählen. Spiegeln und zeichnen.   4 Fehler finden. Neu zeichnen.

■ (K, D) → Arbeitsheft, Seite 38 → Förderheft, Seiten 49, 50

5 Zeichne ab. Ergänze das Spiegelbild. Zeichne die Spiegelachse.

a) 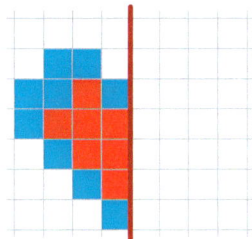   b) 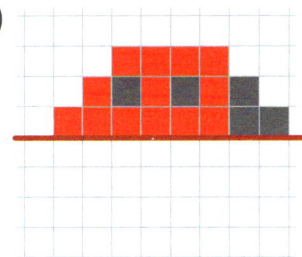   c)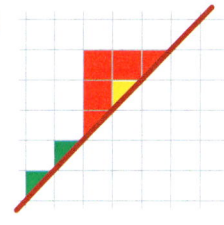

d) 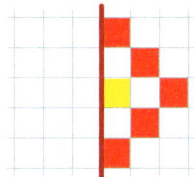   e) 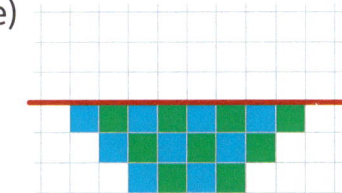   f)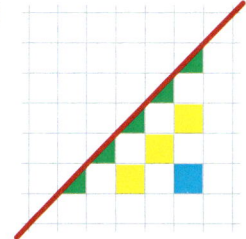

✾ g) Zeichne Spiegelbilder.

 6 Spiegelbilder? Erkläre und zeichne neu.

a) 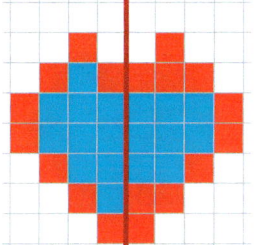   b) 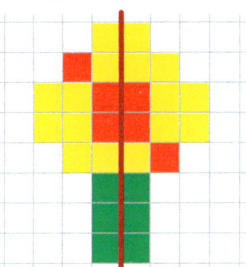   c)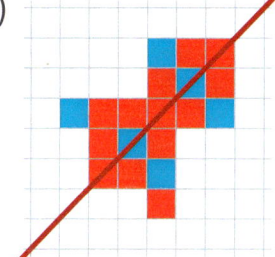

● **7** Spiegle und zeichne. Setze fort.

a)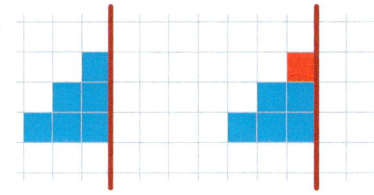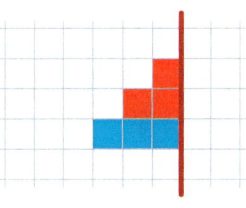

b)

c)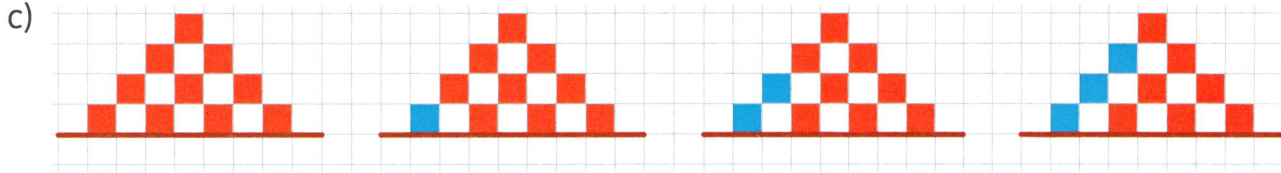

✾ d) Finde Muster. Spiegle und zeichne.

5 Figuren symmetrisch ergänzen. **6** Begründen, warum die Figuren nicht symmetrisch sind. Fehler korrigieren. Verschiedene Lösungen möglich. **7** Figuren symmetrisch ergänzen. Muster fortsetzen. Verschiedene Fortsetzungen möglich. Eigene Muster aus Spiegelbild finden.

■ (P, D)   → Arbeitsheft, Seite 38   → Förderheft, Seiten 49, 50

Einführung der Multiplikation

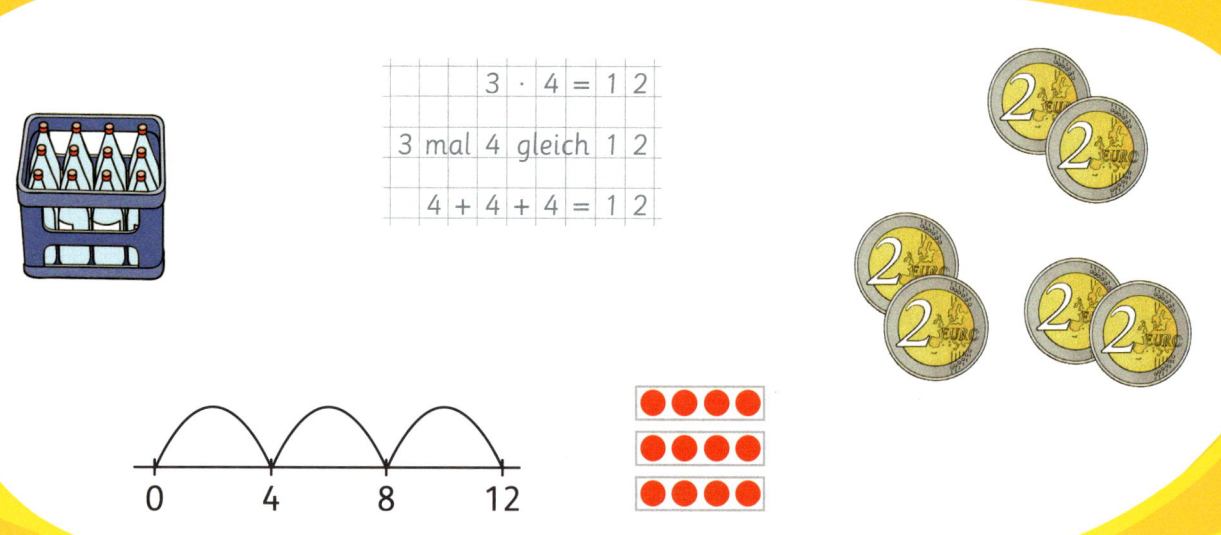

1 Erzählt. Findet Malaufgaben.

2 Findet Malaufgaben in der Klasse. Zeichnet und schreibt.

In der Klasse sind 5 Gruppentische. An jedem Tisch sitzen 4 Kinder.

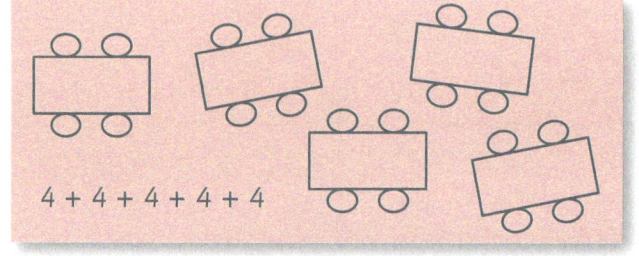

4 + 4 + 4 + 4 + 4

5 · 4

1 Sachsituation beschreiben und dazu Malaufgaben finden. Notationsform mit Punkt für Malaufgaben einführen und besprechen (Begriff *mal* für multiplizieren), 4 mal 3 näher beschreiben lassen, z. B. „immer 3, insgesamt 4 mal". **2** Aufgaben finden und auf verschiedene Weisen notieren (als Malgeschichte, als Bild, als Term).

■ ■ (K, A, D) → Arbeitsheft, Seiten 39–41 → Förderheft, Seiten 51, 52

Malaufgaben in der Umwelt

3 Finde Plusaufgaben und Malaufgaben. Vergleiche.

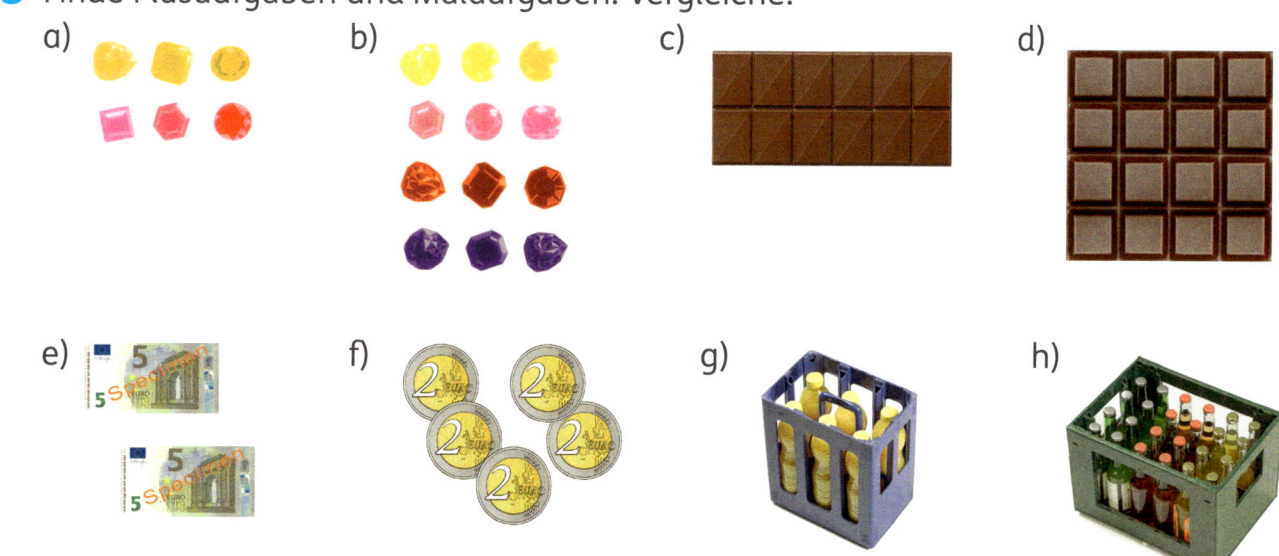

4 Finde Plusaufgaben und Malaufgaben.

5 Rechengeschichten. Erzähle.
a)

Immer 3 auf einen Stapel.

b) 4 Kinder würfeln. Jedes Kind hat 5 Würfel. Wie viele Würfel sind es?

c) Paul liest jeden Abend 4 Seiten. Wie viele Seiten liest er in einer Woche?

d) Frida stellt immer 5 Blumen in eine Vase. Sie hat 5 Vasen. Wie viele Blumen sind es?

e) Finde Malgeschichten. Schreibe oder zeichne.

Malaufgaben legen und erklären

1 Würfelt. Findet Malaufgaben. Erklärt.

Da sind 6 und 6 und 6 und 6.

Das sind 4 mal 6.

Ich sehe 5 mal 1 und 1 mal 5.

2 Würfelbilder. Schreibe immer drei Aufgaben.

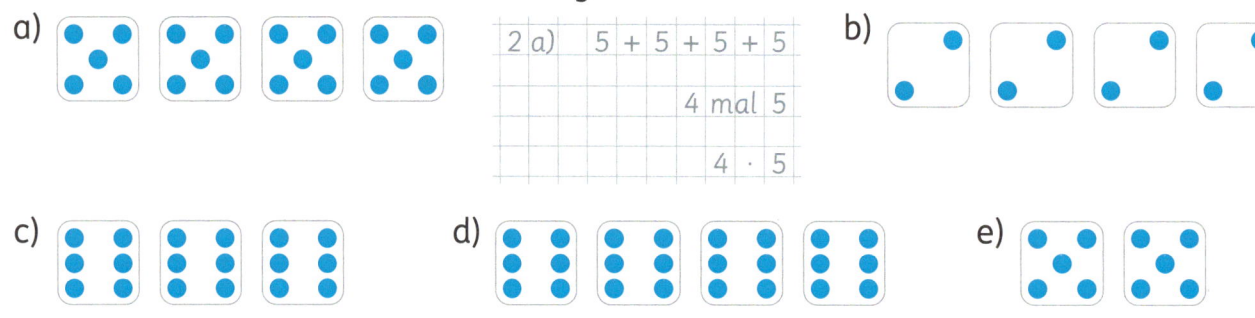

2 a) 5 + 5 + 5 + 5
4 mal 5
4 · 5

f)

g) Zeichne Malaufgaben mit Würfelbildern.

3 Malgeschichten. Wie viele Würfelaugen sind es zusammen?
a) Marta würfelt 3 mal eine 5.

b) Max würfelt 2 mal eine 3 und 3 mal eine 2.

c) Anton würfelt 2 mal eine 4 und 3 mal eine 4.

d) Finde Malgeschichten. Schreibe und rechne.

4 Zeichne Malbilder. Erkläre.

a) 3 · 4

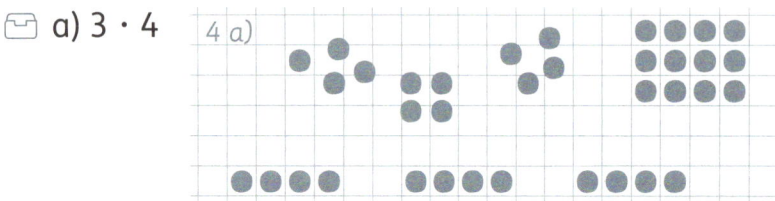

b) 2 · 3   c) 5 · 6
d) 5 · 2   e) 3 · 5
f) 2 · 6   g) 4 · 2

5 Zeige mit dem Malwinkel. Rechne die Plusaufgabe und die Malaufgabe. Beschreibe.

a)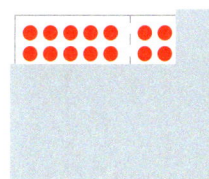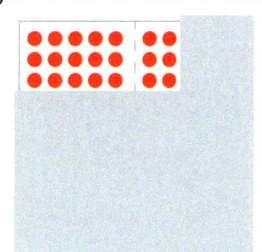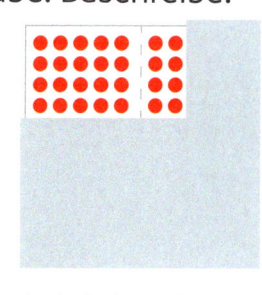

5 a)	7	7 + 7	7 + 7 + 7	7 + 7 + 7 + 7
	1 · 7 = 7	2 · 7 = 14	3 · 7 = 21	4 · 7 = 28

b)

c)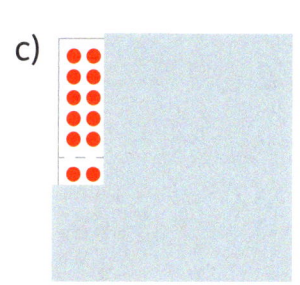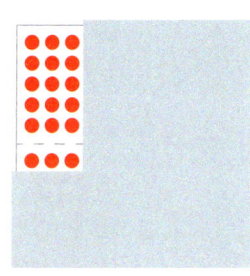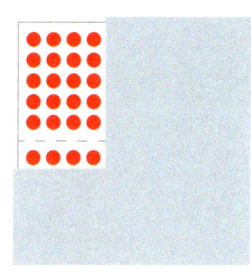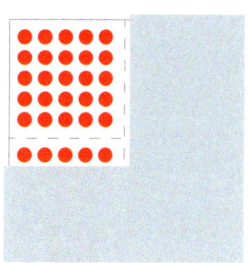

d) 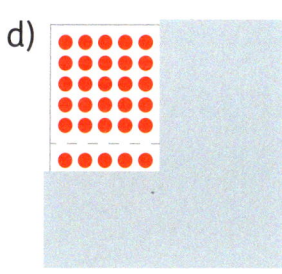 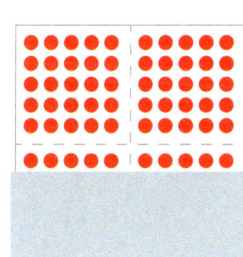 e)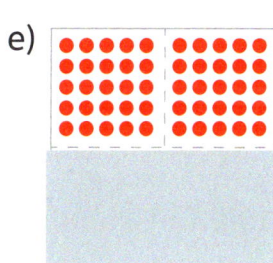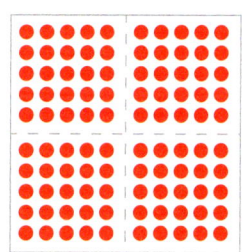

f) Zeige weitere Ausschnitte mit dem Malwinkel. Rechne die Plusaufgabe und die Malaufgabe.

6 Schöne Päckchen. Zeige mit dem Malwinkel und rechne. Beschreibe und erkläre.

a) 2 · 4	b) 1 · 3	c) 2 · 5	d) 3 · 5	e) 2 · 3
3 · 4	3 · 3	2 · 4	3 · 6	3 · 4
4 · 4	5 · 3	2 · 3	3 · 7	4 · 5
5 · 4	7 · 3	2 · 2	3 · 8	5 · 6

f) Finde schöne Päckchen mit Malaufgaben. Rechne.

5, 6 Malaufgaben mithilfe des Malwinkels am Hunderterfeld legen und dann systematisch verschieben. Neben horizontaler Lage auch vertikale Lage der gleichen Summanden zulassen.

Tauschaufgaben und Quadrataufgaben

1 Findet Aufgabe und Tauschaufgabe. Zeigt mit dem Malwinkel und rechnet.

a)

1 a) 5 · 2 = 1 0
      2 · 5 = 1 0

b) 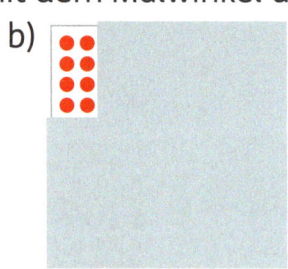   c)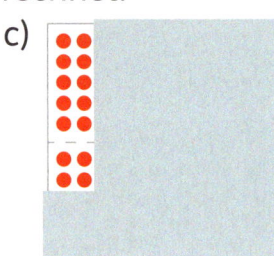

d) 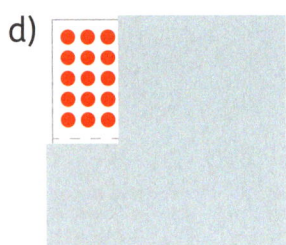   e) 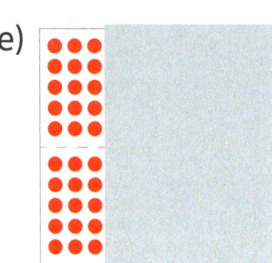   f) 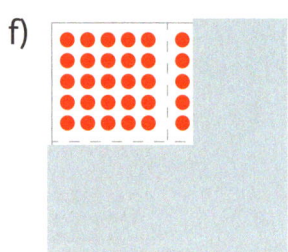   g)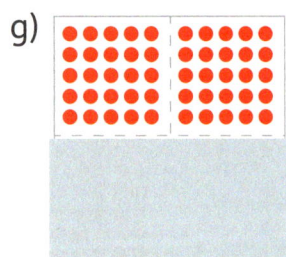

2 Findet Aufgaben und Tauschaufgaben.

3 Tauschaufgaben. Welche Aufgabe findest du einfacher? Kreuze an.

a) 2 · 8
   8 · 2

3 a) ☒ 2 · 8 = 1 6
          8 · 2 = 1 6

b) 4 · 10   c) 2 · 6   d) 4 · 5   e) 7 · 0
   10 · 4   6 · 2   5 · 4   0 · 7

4 Schreibe Aufgaben und Tauschaufgaben.

a) 2 · __
   __ · 2

4 a) 2 · 3 = 6   2 · 7 = 1 4
      3 · 2 = 6   7 · 2 = 1 4

b) 5 · __   c) __ · 10   d) __ · __
   __ · 5   10 · __   __ · __

72

1, 2 Aufgabe und Tauschaufgabe zu den Bildern finden und zu Aufgaben beides mit dem Malwinkel darstellen
3 Tauschaufgaben unterscheiden (v. a. Multiplikator und Multiplikand vergleichen).   4 Eigene Aufgaben finden.

(D, K)   → Arbeitsheft, Seite 43   → Förderheft, Seite 55

Das Ergebnis einer Quadrataufgabe heißt Quadratzahl.

5 Immer Quadrate. Zeige mit dem Malwinkel und rechne.

a) 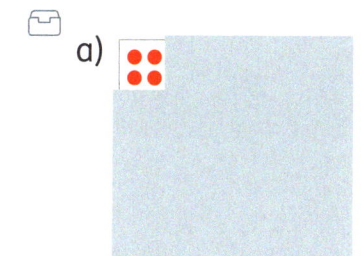 b) 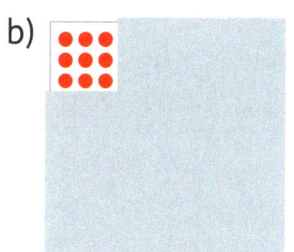 c) 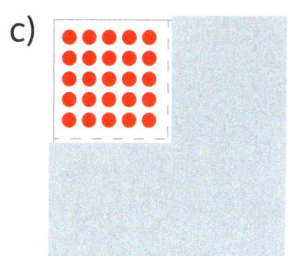 d)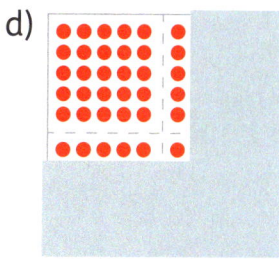

e) 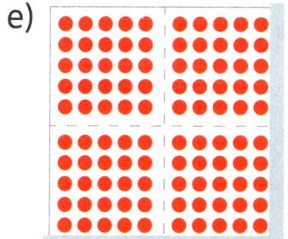 f) 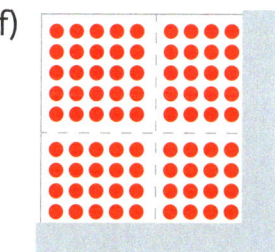 g) 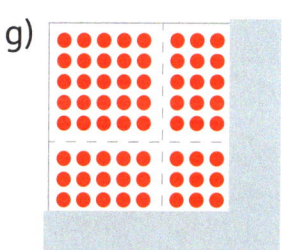 h)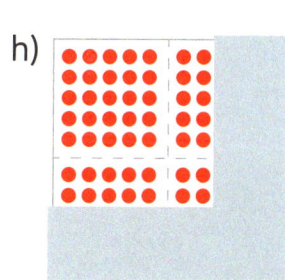

6 Erzählt. Findet Aufgaben.

5 Aufgaben zu den Bildern finden (Besonderheit der Quadrataufgabe an der Form erläutern). 6 Quadrataufgaben in Sachsituationen erkennen und rechnen.

(K, D) → Arbeitsheft, Seite 43 → Förderheft, Seite 55

Einfache Malaufgaben

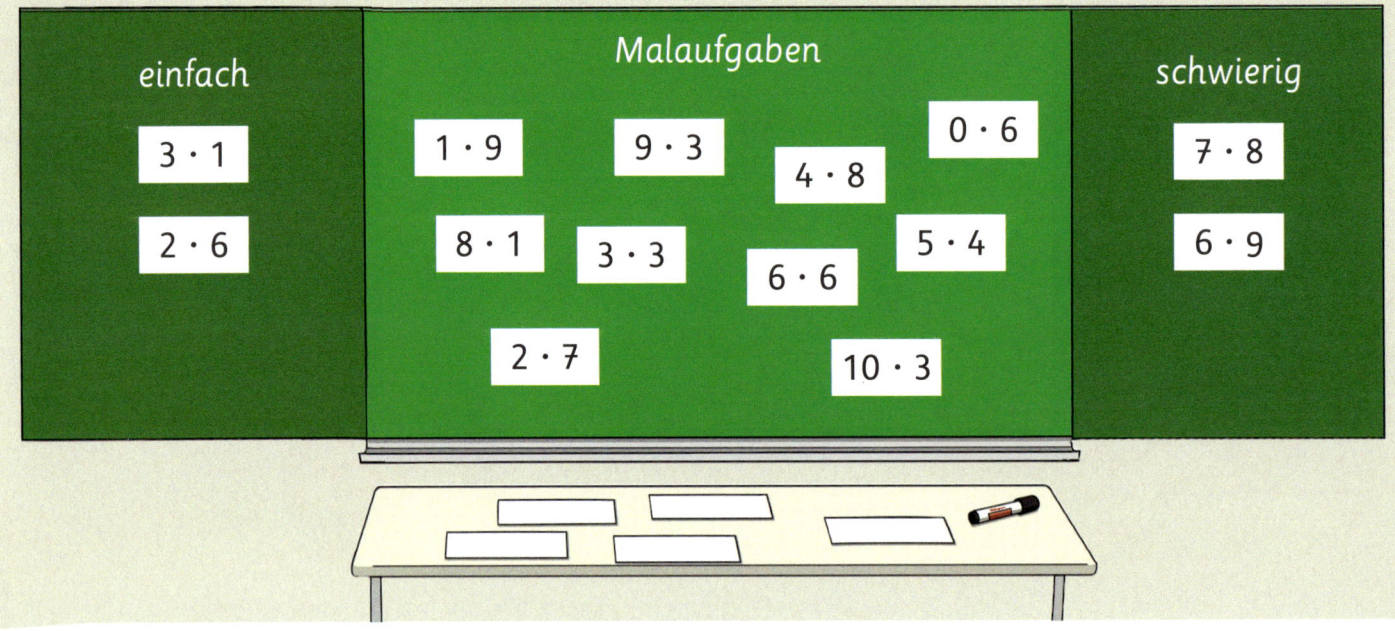

1 Welche Aufgaben findest du einfach? Schreibe und rechne.

1·7	9·4	2·5	4·9	0·7	4·1	7·6	4·10
9·6	2·2	0·3	6·1	10·2	8·9	2·9	__·__

2 Lege mit dem Malwinkel einfache Aufgaben.

2 · 5 = 10

3 Einfach legen – einfach rechnen.   mit 2

1 · 6 = 6   **2 · 6 = 12**

6 + 6

„2 mal 6 ist die Verdopplungsaufgabe."

Eric

Lege und rechne.

a) 2·4   b) 4·2   c) 2·7   d) 2·9   e) 2·8   f) 2·2
   2·5   5·2   2·6   9·2   8·2   2·1

4 Einfach legen – einfach rechnen. mit 10

1 · 6 = 6   10 · 6 = 60

 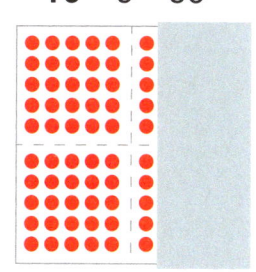 

Bei 10 mal 6 werden aus den 6 Einern 6 Zehner.

Eric

Lege und rechne.

a) 10 · 4   b) 4 · 10   c) 10 · 7   d) 10 · 9   e) 10 · 8   f) 10 · 10
   10 · 5   5 · 10   10 · 6   9 · 10   8 · 10   10 · 1

5 Rechne.

a) 3 · 1 = 3   b) 5 · __ = 5   c) 6 · __ = 60   d) __ · 1 = 7   e) __ · 10 = 90
   3 · __ = 30   5 · __ = 50   6 · __ = 6   __ · 10 = 70   9 · __ = 9

6 Einfach legen – einfach rechnen. mit 5

10 · 6 = 60   5 · 6 = 30

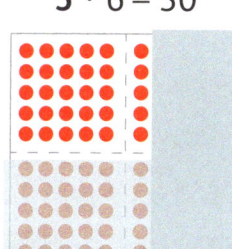 

5 mal 6 ist die Hälfte von 10 mal 6.

Eric

Lege und rechne.

a) 10 · 4   b) 7 · 10   c) 6 · 10   d) 10 · 9   e) 8 · 10   f) 10 · 5
    5 · 4   7 · 5   6 · 5   5 · 9   8 · 5   5 · 5

Malaufgaben mit 1, mit 2, mit 5 und mit 10 sind Kernaufgaben.

7 Kernaufgaben.

a) 1 · 1   b) 1 · 2   c) 1 · 5   d) 1 · 10   e) 1 · 3   f) 1 · 4
   2 · 1   2 · 2   2 · 5   2 · 10   2 · 3   2 · 4
   5 · 1   5 · 2   5 · 5   5 · 10   5 · 3   5 · 4
  10 · 1   10 · 2   10 · 5   10 · 10   10 · 3   10 · 4

g) Finde und rechne Kernaufgaben.

4, 5 Malaufgaben mit Faktor 10 zeigen und rechnen. Mal 10 an der Stellenwerttafel („Verschieben" von E- in Z-Spalte) und mit Plättchen („Ersetzen" der Einerplättchen durch Zehnerstangen) erkennen   6 Mal 5 als Halbieren von mal 10 erkennen und beschreiben.   7 Malaufgaben mit den Faktoren 1, 2, 5 und 10 als *Kernaufgaben* kennzeichnen, rechnen und sichern.

■ (P, K, A, D) → Arbeitsheft, Seite 44 → Förderheft, Seiten 56, 57

Schwierige Malaufgaben

Bei 9 mal 4 hilft die Kernaufgabe 10 mal 4.

$10 \cdot 4 = 40$
$9 \cdot 4 = 40 - 4 = 36$

10 mal 4 minus 1 mal 4.

1 Zeige und rechne die Nachbaraufgaben. **mit 10**

a) 10 · 3   b) 10 · 5   c) 10 · 9   d) 10 · 4   e) 6 · 10   f) 7 · 10
   9 · 3   9 · 5   9 · 9   9 · 4   6 · 9   7 · 9

2 **mit 2**

a) 2 · 3   b) 2 · 5   c) 2 · 9   d) 2 · 4   e) 6 · 2   f) 7 · 2
   3 · 3   3 · 5   3 · 9   3 · 4   6 · 3   7 · 3

3 **mit 5**

a) 5 · 3   b) 5 · 5   c) 5 · 9   d) 5 · 4   e) 6 · 5   f) 7 · 5
   6 · 3   6 · 5   6 · 9   6 · 4   6 · 6   7 · 6

4 a) 1 · 4   b) 1 · 8   c) 6 · 1   d) 3 · 4   e) 4 · 8   f) 2 · 9
   2 · 4   2 · 8   6 · 2   3 · 5   5 · 8   2 · 10
   3 · 4   3 · 8   6 · 3   3 · 6   6 · 8   2 · 11

5 Quadrataufgaben. Zeige und rechne die Nachbaraufgaben. **Quadrat**

a) 2 · 1   b) 4 · 3   c) 3 · 2   d) 1 · 0   e) 5 · 4
   2 · 2   4 · 4   3 · 3   1 · 1   5 · 5
   2 · 3   4 · 5   3 · 4   1 · 2   5 · 6

✻ f) Finde weitere Aufgaben.

6 Beginne mit einer Kernaufgabe. Kreuze an.

a) 3 · 4    6a) 3 · 4 = 12   b) 7 · 9   c) 4 · 6   d) 9 · 2   e) 10 · 0
   4 · 4   4 · 4 = 16   8 · 9   5 · 6   2 · 9   10 · 1
   5 · 4   X 5 · 4 = 20   9 · 9   6 · 6   3 · 9   11 · 1
   6 · 4   6 · 4 = 24   10 · 9   7 · 6   9 · 3   11 · 0

8 · 7 = __

● **7** Rechne geschickt. Achte auf `mit 2` `mit 5` `mit 10` `Quadrat`.

a) 4 · 9   b) 3 · 4   c) 6 · 8   d) 7 · 4   e) 9 · 3   f) 8 · 3
   6 · 9   6 · 7   7 · 9   7 · 3   9 · 8   8 · 4

● **8** Rechnet mit `mit 2` `mit 5`. Was fällt euch auf? Erklärt.

a) 2 · 3   b) 2 · 7   c) 2 · 6
   5 · 3   5 · 7   5 · 6
   7 · 3   7 · 7   7 · 6

d) 5 · 3   e) 5 · 4   f) 5 · 5
   2 · 3   2 · 4   2 · 5
   3 · 3   3 · 4   3 · 5

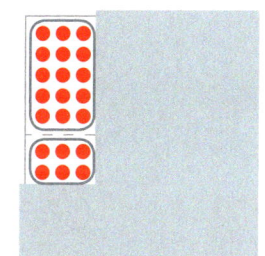

7 mal 3 sind 5 mal 3 plus 2 mal 3, also 15 + 6 = 21.

○ **9** ⚡ **Einmaleins**

7 · 6 = 42

Malaufgaben legen, nennen und rechnen.

6 · 6 plus 1 · 6
36 + 6

5 · 6 plus 2 · 6
30 + 12

Besprechen, dass man Kernaufgaben zur Bewältigung schwieriger Aufgaben nutzen kann.   **7** Kernaufgaben zum Ableiten nutzen, um schwierige Aufgaben zu lösen.   **8** Aufgaben mit größerem Abstand in einer Reihe (keine direkte Nachbaraufgabe) erkunden; Malaufgaben zusammensetzen (2 · 3 + 5 · 3 = 7 · 3) bzw. voneinander abziehen (5 · 4 – 2 · 4 = 3 · 4).

■ (P, K, A, D)   → Arbeitsheft, Seite 45   → Förderheft, Seite 58

Rückblick

Ich kann Malaufgaben finden, legen und zeigen, vergleichen und rechnen.

1 Schreibe und rechne Aufgaben zu den Bildern.

a) 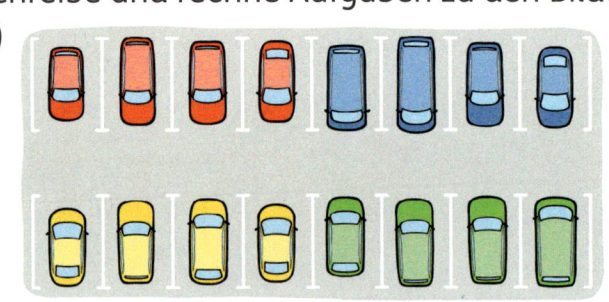   b) 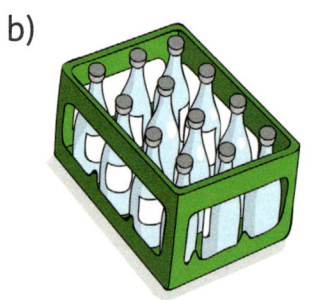   c)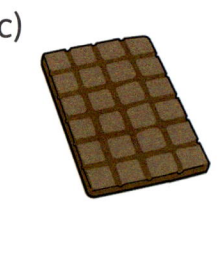

2 Zeichne Bilder zu den Malaufgaben.   a) 3 · 8   b) 6 · 2   c) 3 · 5   d) 4 · 4

3 Schreibe und rechne die Malaufgabe.

a)    b)    c)    d)

4 Tauschaufgaben. Rechne immer nur die einfachere Aufgabe.

a) 9 · 2   b) 5 · 3   c) 7 · 2   d) 3 · 10   e) 5 · 6   f) 5 · 9
   2 · 9   3 · 5   2 · 7   10 · 3   6 · 5   9 · 5

| 2 · 6 = 1 2 |
| 6 · 2 = 1 2 |

Tauschaufgaben haben das gleiche Ergebnis.

5 Quadratzahlen. Vergleiche. Was fällt dir auf?

a) 4 · 4   b) 6 · 6   c) 8 · 8   d) 10 · 10   e) 2 · 2
   2 · 4   3 · 6   4 · 8   5 · 10   1 · 2

6 Einfache Aufgaben.

a) 5 · 4   b) 2 · 7   c) 8 · 2   d) 10 · 6   e) 4 · 5   f) 3 · 5

7 Rechne geschickt. Achte auf  .

a) 3 · 4   b) 6 · 4   c) 9 · 4   d) 6 · 3   e) 3 · 7   f) 3 · 8

8 ⚡ **Übt immer wieder.**

   Einmaleins (Seite 77)

Forschen und Finden: Zahlenraupen

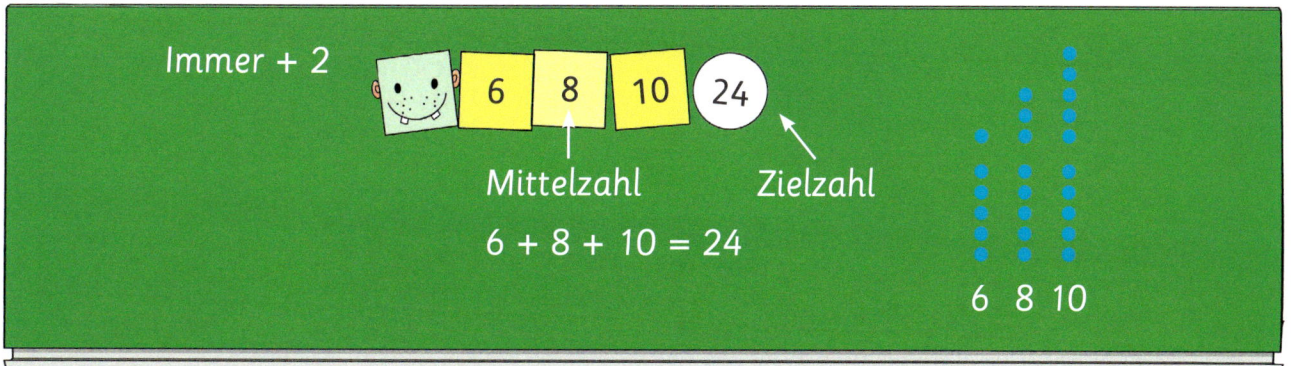

Immer + 2
6 8 10 24
Mittelzahl Zielzahl
6 + 8 + 10 = 24
6 8 10

1 Wie heißt die Zielzahl?

a) Immer + 3  2 5 8 ○   b) Immer + 3 5 ○

c) Immer + 5  2 ○   d) Immer + 5 5 ○

e) Finde Zahlenraupen.

2 Besondere Zahlenraupen. Was fällt dir auf?

a) Immer + 2 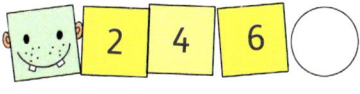 2 4 6 ○   b) Immer + 5 1 ○

Immer + 1  3 4 5 ○   Immer + 4  2 ○

c) Finde weitere Zahlenraupen zur Zielzahl 12 und zur Zielzahl 18.

3 a) Findet Zahlenraupen zur Zielzahl 15.   b) Findet Zahlenraupen zur Zielzahl 30.

Immer + ___  15   Immer + ___ 30

c) Vergleicht die Raupen. Was fällt euch auf? Erklärt.

4 Findet Zahlenraupen zur Zielzahl 30.

Immer + ___  30   Vergleicht die Raupen. Was fällt euch auf? Erklärt.

Einkaufen und Bezahlen

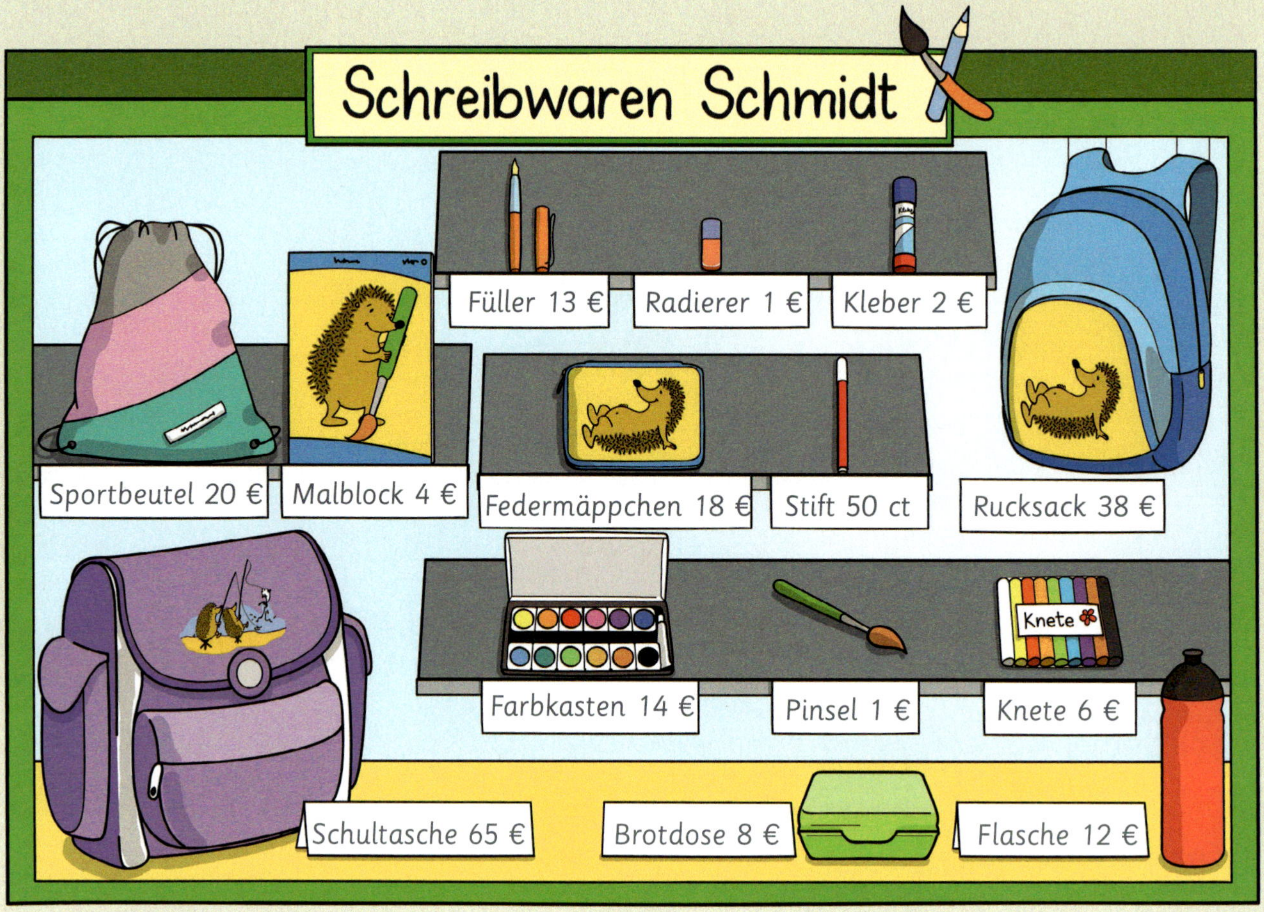

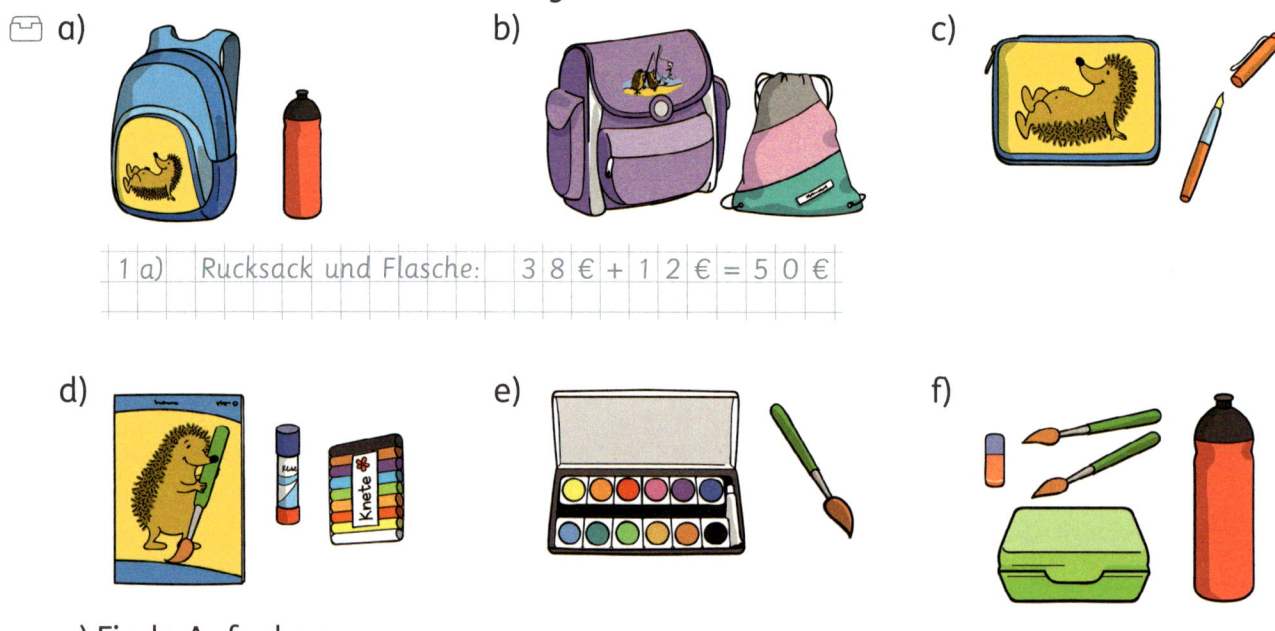

1 Wie viel kostet es zusammen? Lege mit Geld.

a) b) c)

1 a)   Rucksack und Flasche: 3 8 € + 1 2 € = 5 0 €

d) e) f)

g) Finde Aufgaben.

2 Frau Schneider kauft für den Basteltag 10 Klebestifte und 5 Malblöcke. Wie viel Euro muss sie bezahlen?

3 Berechne das Rückgeld.

a) Sophie kauft:    Sie gibt:

3 a)	Federmäppchen:	1 8 €
	gegeben:	2 0 €
	zurück:	2 €

c) Max kauft: Er gibt: (2 €)

b) Lilly kauft:    Sie gibt:

d) Noah kauft:    Er gibt:

e) Till kauft:    Er gibt:

f) Anna kauft: 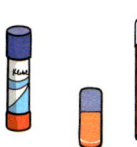   Sie gibt:

g) Paula kauft: 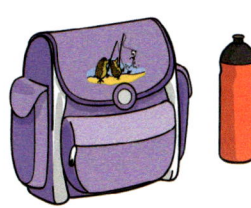   Sie gibt:

4 Finde Aufgaben zum Einkaufen und Bezahlen.

5 Kim spart für einen neuen Rucksack. 19 € hat sie schon. Wie viel Geld fehlt ihr noch?

6 Metin bezahlt mit einem 50-€-Schein. Er bekommt 32 € zurück. Was kann er gekauft haben?

7 Im Angebot kauft Leo für seine Familie 3 Packungen Knete. Er bezahlt insgesamt 15 €. Wie viel Euro hat er gespart?

3–7 Aufgaben mit Rechengeld legen und lösen. Beachten, dass das Berechnen des Rückgeldes eine Ergänzungsaufgabe ist. Bei 4 Gegenstände zeichnen oder aufschreiben.

(M) → Arbeitsheft, Seite 48 → Förderheft, Seite 61

Mit Geld rechnen

1,50 € = 1 € 50 ct

1 Wie viel kosten die Blumen?
a) 1a) 1,50 € + 1,50 € = 3,00 €
b)
c)
d)
e)
f)
g)
h)
i)

2 Wie viel kosten die Blumen?
a)
b)
c)
d) Finde Aufgaben.

2a) 2,50 € + 2,50 € = 5,00 €

3 a) Till kauft Rosen und Gerbera. Er bezahlt 9 €. Wie viele Rosen und wie viele Gerbera hat er gekauft?

b) Sophie kauft Narzissen und Sonnenblumen. Sie bezahlt 25 €. Wie viele Narzissen und wie viele Sonnenblumen hat sie gekauft?

4 Wie viel kosten die Einkäufe?
Anna kauft:

a) 10 Eier
1 Schale Erdbeeren
2 Flaschen Apfelsaft

4 a) 3,00 € + 4,00 € + 6,00 € =

b) 10 Eier
1 Bund Karotten
2 kg Äpfel

c) 2 Schalen Erdbeeren
3 Gläser Marmelade
3 Salatköpfe

d) 2 Gläser Honig
5 Flaschen Apfelsaft
1 Bund Karotten
3 Gurken

5 Schreibe Einkaufszettel. Du hast
a) 10 €   b) 15 €   c) 30 €   d) __ €

6 Frau Wiesner bezahlt beim Bauern Meise mit einem 20-€-Schein.
Sie bekommt 2 € zurück. Was könnte sie gekauft haben?

7 Kurz bevor der Marktstand schließt, gibt es das Gemüse zum halben Preis.
Herr Wagner kauft 4 Gurken, 2 Köpfe Salat und 2 Bund Karotten.
Wie viel Euro muss er bezahlen?

Malreihen

○ **1 Zehnerreihe.**
Zeige am Einmaleins-Plan und rechne.

a) 5 · 10   b) 6 · 10
   10 · 10   8 · 10
   1 · 10   9 · 10
   0 · 10   7 · 10
   2 · 10   5 · 10
   4 · 10   3 · 10

○ **2 Fünferreihe.** Zeige am Einmaleins-Plan und rechne.

a) 2 · 5   b) 10 · 5   c) 5 · 5   d) 4 · 5   e) 8 · 5
   3 · 5   1 · 5   6 · 5   9 · 5   7 · 5

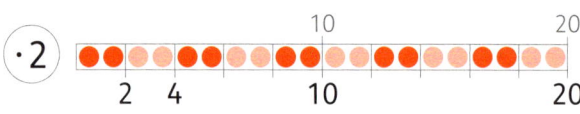

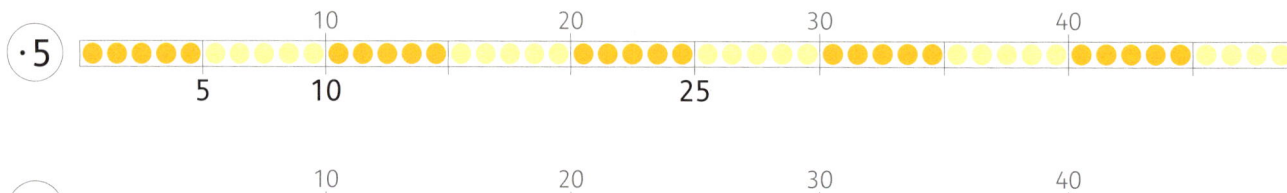

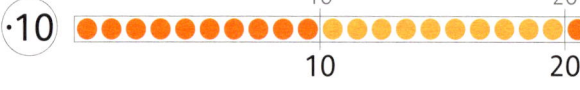

Zweier-, Fünfer- und Zehnerreihe

3 Zeigt und rechnet an der Fünferreihe und an der Zehnerreihe.

a) 2 · 10 b) 3 · 10 c) 5 · 10 d) 6 · 10 e) 8 · 10
   2 · 5   3 · 5   5 · 5   6 · 5   8 · 5

f) Die Zehnerreihe und die Fünferreihe sind einfach. Warum?

4 Trefft Zahlen in der Fünferreihe und Zehnerreihe.
a) 10 = __ · 10   b) 20 = __ · 10
   10 = __ · 5   20 = __ · 5

c) 50 = __ · 10   d) 40 = __ · 10
   50 = __ · 5   40 = __ · 5

e) Findet weitere Aufgabenpaare.

Bis zur 10 ist es ein Zehnersprung, also sind es zwei Fünfersprünge.

Marta

5 Zweierreihe. Zeige am Einmaleins-Plan und rechne.
a) 2 · 2   b) 1 · 2   c) 5 · 2   d) 3 · 2   e) 9 · 2
   4 · 2   10 · 2   6 · 2   7 · 2   8 · 2

f) Die Zweierreihe ist einfach. Warum?

6 Triff Zahlen in der Zweierreihe.
a) 10 = __ · 2   b) 20 = __ · 2   c) 2 = __ · 2   d) 6 = __ · 2   e) 14 = __ · 2
   8 = __ · 2   18 = __ · 2   4 = __ · 2   12 = __ · 2   16 = __ · 2

7 Die einfachste Reihe ist die **Einerreihe.** Vergleiche sie mit der Zehnerreihe.
a) 1 · 1   b) 2 · 1   c) 3 · 1   d) 4 · 1   e) 5 · 1
   1 · 10   2 · 10   3 · 10   4 · 10   5 · 10

f) 6 · 1   g) 7 · 1   h) 8 · 1   i) 9 · 1   j) 10 · 1
   6 · 10   7 · 10   8 · 10   9 · 10   10 · 10

Dreier- und Sechserreihe

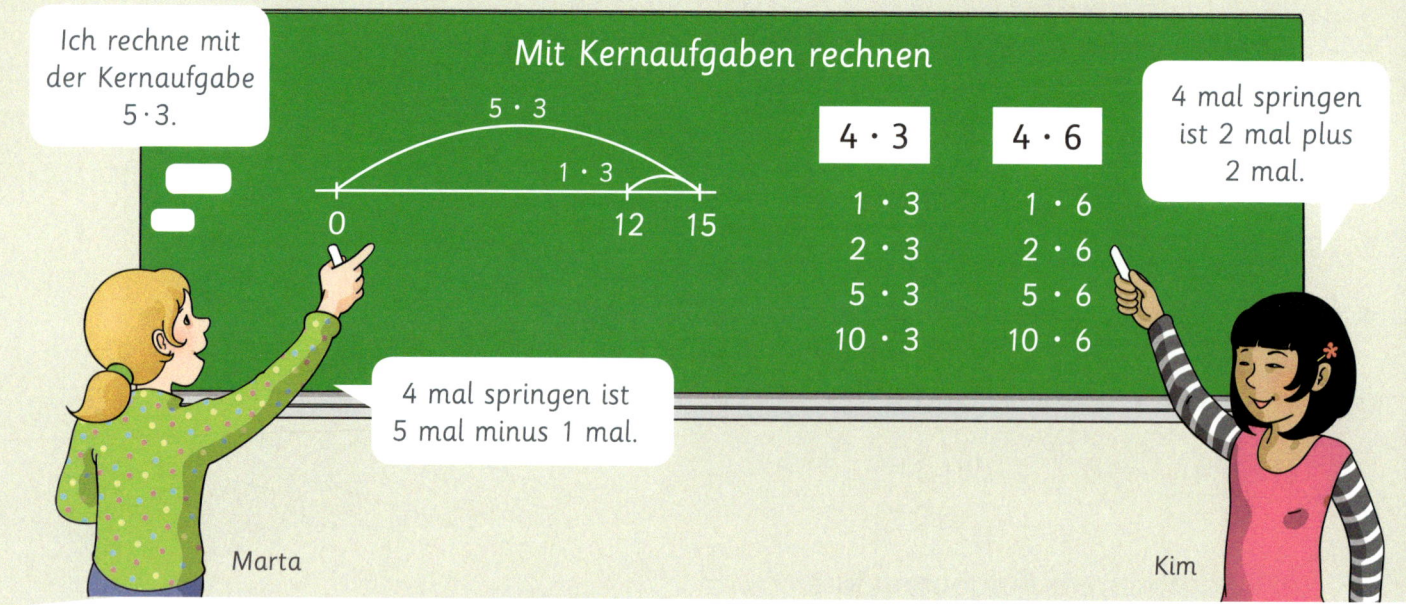

1 Dreierreihe. Zeige am Einmaleins-Plan und rechne mit den Kernaufgaben.
a) **5 · 3**
   4 · 3
b) **2 · 3**
   4 · 3
c) **5 · 3**
   6 · 3
d) **5 · 3**
   7 · 3
e) **10 · 3**
   9 · 3
f) **10 · 3**
   8 · 3

2 Sechserreihe. Zeige am Einmaleins-Plan und rechne mit den Kernaufgaben.
a) **2 · 6**
   3 · 6
b) **2 · 6**
   4 · 6
c) **5 · 6**
   6 · 6
d) **5 · 6**
   7 · 6
e) **10 · 6**
   9 · 6
f) **10 · 6**
   8 · 6

3 Zeigt, rechnet und vergleicht an der Dreierreihe und Sechserreihe. Was fällt euch auf?
a) 2 · 3
   2 · 6
b) 5 · 3
   5 · 6
c) 7 · 3
   7 · 6
d) 10 · 3
   10 · 6
e) 8 · 3
   8 · 6
f) 9 · 3
   9 · 6

4 Trefft Zahlen in der Dreierreihe und der Sechserreihe.
a) 6 = __ · 3
   6 = __ · 6
b) 12 = __ · 3
   12 = __ · 6
c) 30 = __ · 3
   30 = __ · 6
d) Findet weitere Aufgabenpaare.

5 Findet Aufgaben aus der Dreierreihe und aus der Sechserreihe.

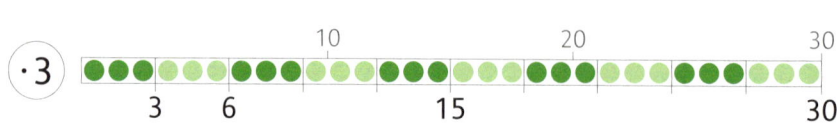

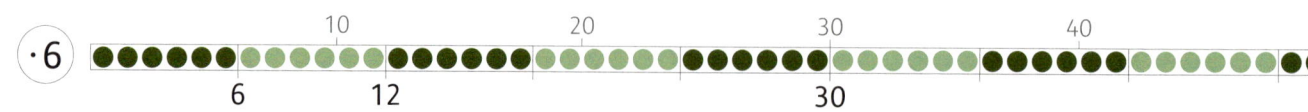

1, 2 Aufgaben der Dreier und Sechserreihe mithilfe der Kernaufgaben (· 2, · 5 und · 10) an den Malreihen zeigen und lösen.
3, 4 Dreier- und Sechserreihe vergleichen (mal 3 ist die Hälfte von mal 6).

(A, K, D) → Arbeitsheft, Seiten 52, 53

6 a) 1 · 6   b) 5 · 3   c) 5 · 2   d) 6 · 10   e) 0 · 1
     2 · 6   4 · 3   7 · 2   2 · 10   0 · 2
     4 · 6   6 · 3   6 · 2   4 · 10   0 · 6
     8 · 6   7 · 3   8 · 2   1 · 10   0 · 10

7 Rechne und vergleiche. Erkläre am Rechenstrich.

a) 2 · 3   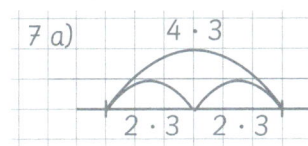   b) 5 · 3   c) 4 · 3   d) 5 · 6
   4 · 3   10 · 3   8 · 3   10 · 6

                                        e) 3 · 6   f) 4 · 6   g) 2 · 6
                                           6 · 6   8 · 6   4 · 6

8 Summen aus Zweierreihe und Dreierreihe. Was fällt dir auf?

a) 2 · 3   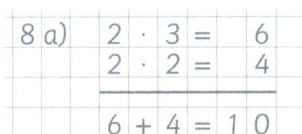   b) 4 · 3   c) 7 · 3   d) 8 · 3
   2 · 2   4 · 2   7 · 2   8 · 2

                                        e) 5 · 3   f) 6 · 3   g) ___ · 3
                                           5 · 2   6 · 2   ___ · 2

9 Summen aus Fünferreihe und Einerreihe. Was fällt dir auf?

a) 2 · 5   [9a) 2·5=10; 2·1=2; 10+2=12]   b) 6 · 5   c) 5 · 5   d) 8 · 5
   2 · 1   6 · 1   5 · 1   8 · 1

                                                 e) 7 · 5   f) 4 · 5   g) ___ · 5
                                                    7 · 1   4 · 1   ___ · 1

10 Welche Zahlen passen? Probiere.   [0] [1] [2] [3] [4] [5] [6] [7] [8] [9] [10]

a) ■ · 3 < 10   [10a) ■ · 3 < 10 ; 0,1,2,3]   b) ■ · 3 > 20   c) ■ · 3 > 3

d) ■ · 6 < 20   e) ■ · 6 < 30   f) ■ · 6 < 6

Vierer- und Achterreihe

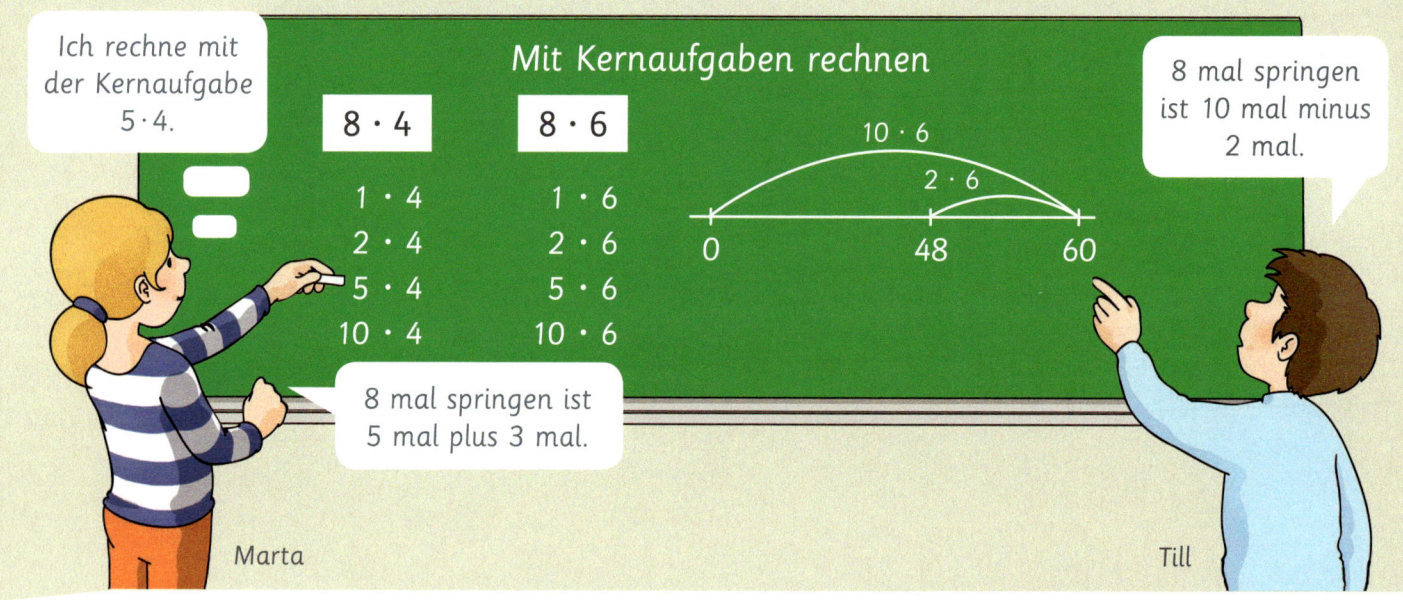

○ **1 Viererreihe.** Zeige am Einmaleins-Plan und rechne mit den **Kernaufgaben**.
a) **5 · 4**   b) **2 · 4**   c) **5 · 4**   d) **5 · 4**   e) **10 · 4**   f) **2 · 4**
   8 · 4   3 · 4   6 · 4   7 · 4   9 · 4   4 · 4

○ **2 Achterreihe.** Zeige am Einmaleins-Plan und rechne mit den **Kernaufgaben**.
a) **2 · 8**   b) **2 · 8**   c) **5 · 8**   d) **5 · 8**   e) **10 · 8**   f) **10 · 8**
   3 · 8   4 · 8   6 · 8   7 · 8   9 · 8   8 · 8

○ **3** Zeigt, rechnet und vergleicht an der Viererreihe und der Achterreihe. Was fällt euch auf?
a) 3 · 4   b) 10 · 4   c) 7 · 4   d) 8 · 4   e) 6 · 4   f) 9 · 4
   3 · 8   5 · 8   7 · 8   4 · 8   3 · 8   9 · 8

○ **4** Trefft Zahlen in der Viererreihe und der Achterreihe.
a) 8 = __ · 4   b) 16 = __ · 4   c) 24 = __ · 4   d) Findet weitere Aufgabenpaare.
   8 = __ · 8   16 = __ · 8   24 = __ · 8

✽ **5** Findet Aufgaben aus der Viererreihe und aus der Achterreihe.

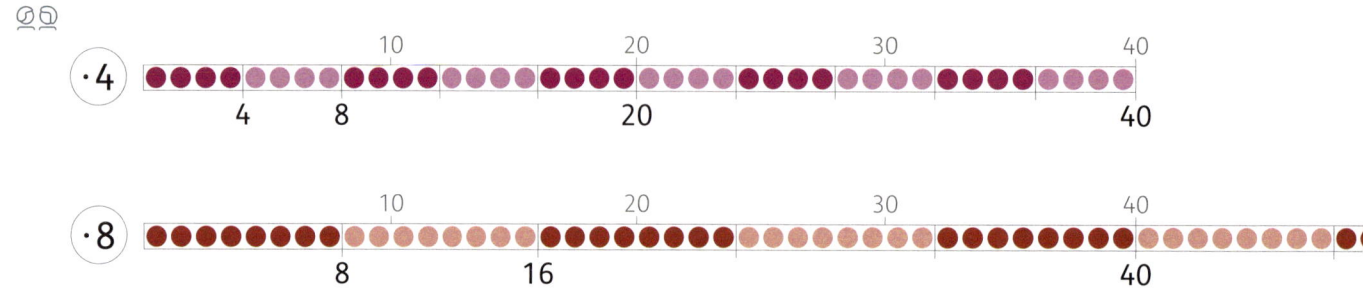

88

1, 2 Aufgaben der Vierer- und Achterreihe mithilfe der Kernaufgaben (2 ·, 5 · und 10 ·) an den Malreihen zeigen und lösen.
3, 4 Vierer- und Achterreihe vergleichen: Die Achterreihe ist das Doppelte der Viererreihe.

(D, K, A) → Arbeitsheft, Seiten 54, 55

6 Welche Zahlen passen? Probiere.   0 1 2 3 4 5 6 7 8 9 10

a) ▦ · 4 < 10   6a) ▦ · 4 < 10   0, 1, 2
b) ▦ · 4 > 20
c) ▦ · 4 < 5
d) ▦ · 8 < 20
e) ▦ · 8 < 40
f) ▦ · 8 < 10

7 Welche Zahl passt? Rechne.

a) 2 · __ = 16
   8 · __ = 16
   4 · __ = 16

b) 6 · __ = 24
   8 · __ = 24
   4 · __ = 24

c) 4 · __ = 40
   8 · __ = 40
   5 · __ = 40

d) 5 · __ = 20
   4 · __ = 20
   2 · __ = 20

e) 1 · __ = 1
   8 · __ = 64
   10 · __ = 100

8 Summen aus Achterreihe und Zweierreihe. Was fällt dir auf?

a) 2 · 8
   2 · 2

8a) 2 · 8 = 16
    2 · 2 = 4
    16 + 4 = 20

b) 4 · 8
   4 · 2

c) 5 · 8
   5 · 2

d) __ · 8
   __ · 2

9 Summen aus Sechserreihe und Viererreihe. Was fällt dir auf?

a) 2 · 6
   2 · 4

b) 3 · 6
   3 · 4

c) 5 · 6
   5 · 4

d) 7 · 6
   7 · 4

e) __ · 6
   __ · 4

10 Maltabellen. Zeichne ins Heft und rechne aus.

·	4	5	← die Randzahlen
die Randzahlen → 2	8	10	← die Innenzahlen

2 mal 4 = 8 — Noah

a)
·	2	4
5		

b)
·	2	4
2		

c)
·		8
5		
3		

d)
·		
5	20	
3		

e) Finde Maltabellen.

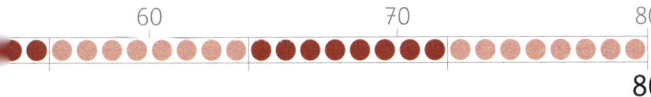
60   70   80
                          80

Neuner- und Siebenerreihe

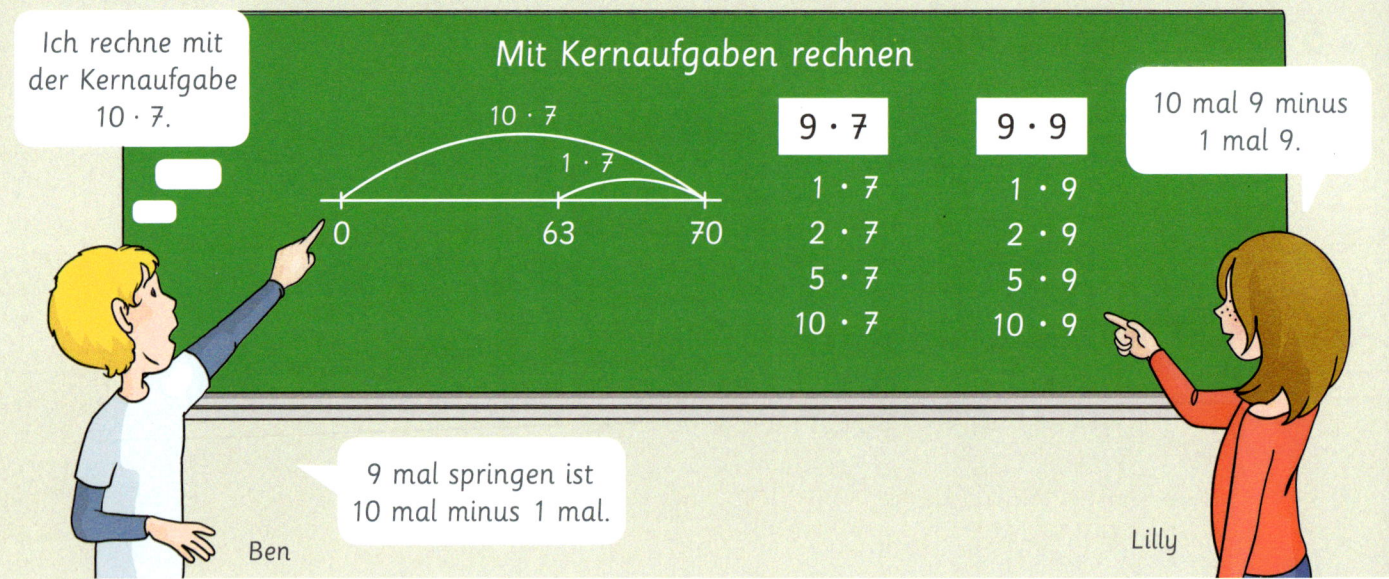

1 Neunerreihe. Zeige am Einmaleins-Plan und rechne mit den **Kernaufgaben**.
a) **5 · 9**   b) **2 · 9**   c) **10 · 9**   d) **5 · 9**   e) **10 · 9**   f) **5 · 9**
   4 · 9   3 · 9   9 · 9   7 · 9   8 · 9   6 · 9

2 Siebenerreihe. Zeige am Einmaleins-Plan und rechne mit den **Kernaufgaben**.
a) **2 · 7**   b) **2 · 7**   c) **5 · 7**   d) **5 · 7**   e) **10 · 7**   f) **10 · 7**
   3 · 7   4 · 7   6 · 7   7 · 7   9 · 7   8 · 7

3 Wochentage. Eine Woche hat 7 Tage.

a)
Woche	1	2		5				10
Tage	7	14		35				

b) Igeljunge werden etwa 8 Wochen lang von der Mutter groß gezogen. Wie viele Tage bleiben die Igeljungen bei der Mutter?

c) Ein Igel macht durchschnittlich 12 Wochen Winterschlaf. Wie viele Tage schläft der Igel im Winter?

4 Finde Aufgaben aus der Siebenerreihe und aus der Neunerreihe.

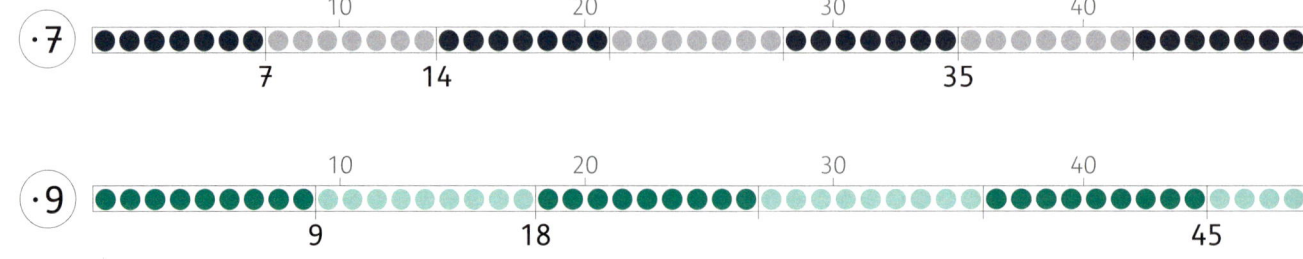

1, 2 Aufgaben der Siebener- und Neunerreihe mithilfe der Kernaufgaben (2 ·, 5 · und 10 ·) an den Malreihen zeigen und lösen.   3 Siebenerreihe in der Anzahl an Wochentagen erkennen.

(A, K, D) → Arbeitsheft, Seiten 56, 57

5
a) 1 · 9
2 · 9
4 · 9
8 · 9

b) 5 · 9
7 · 9
9 · 9
6 · 9

c) 2 · 7
6 · 7
4 · 7
3 · 7

d) 5 · 7
7 · 7
9 · 7
8 · 7

e) 4 · 3
2 · 6
4 · 5
8 · 2

f) 10 · 10
9 · 9
9 · 7
0 · 7

6 Rechnet und vergleicht. Erklärt an der Neunerreihe und der Zehnerreihe.
a) 2 · 9
2 · 10

b) 5 · 9
5 · 10

c) 3 · 9
3 · 10

d) 4 · 9
4 · 10

e) 8 · 9
8 · 10

f) 7 · 9
7 · 10

7 Trefft Zahlen in der Dreierreihe und der Neunerreihe.
a) 9 = __ · 3
9 = __ · 9

b) 18 = __ · 3
18 = __ · 9

c) 27 = __ · 3
27 = __ · 9

d) Findet weitere Aufgabenpaare.

8 Summen oder Differenzen aus Siebenerreihe und Neunerreihe.

7er-Reihe	7	14	21	28	35	42	49	56	63	70
9er-Reihe	9	18	27	36	45	54	63	72	81	90

Wählt eine Zahl aus der Siebenerreihe und eine Zahl aus der Neunerreihe.
Berechnet die Summe oder die Differenz aus den beiden Zahlen.
Könnt ihr alle Zahlen treffen von 1 bis 70? Probiert.

1 = 36 − 35   10 = 45 − 35   5 = 54 − 49   16 = 7 + 9

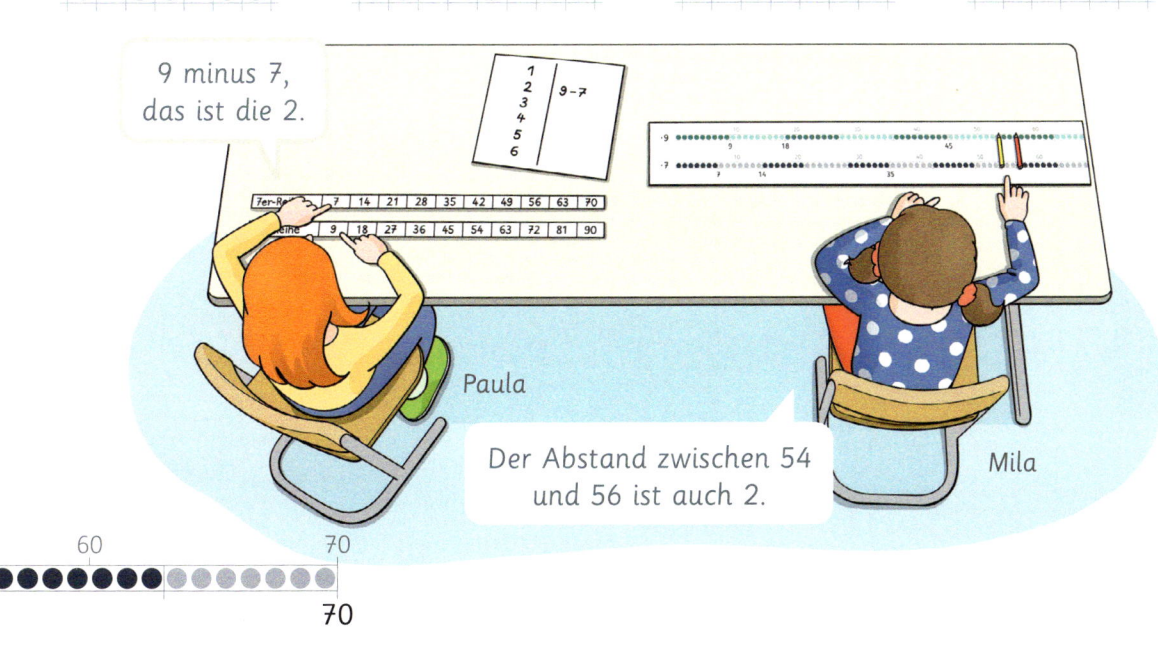

9 minus 7, das ist die 2.

Paula

Der Abstand zwischen 54 und 56 ist auch 2.

Mila

6, 7 Neunerreihe mit Zehnerreihe und mit Dreierreihe vergleichen.   8 Rechenhilfe: Ergebnisse der Neuner- und Siebenerreihe evtl. in der Hundertertafel markieren.

(A, K, D) → Arbeitsheft, Seiten 56, 57

Die Einmaleins-Tafel

1 Beschreibe.

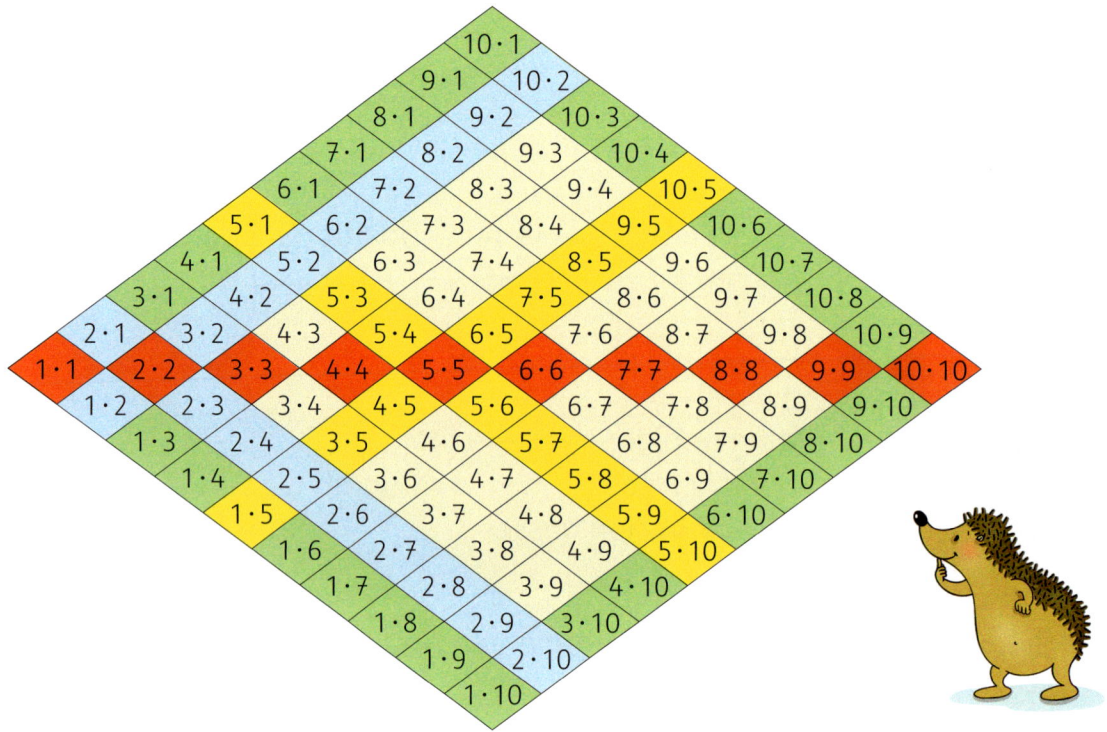

2 Rechne einfache Aufgaben. Ordne.

$10 \cdot 3 = 30$ $2 \cdot 1 = 2$ $5 \cdot 1 = 5$ $1 \cdot 1 = 1$

3 Rechne geschickt mit Nachbaraufgaben.

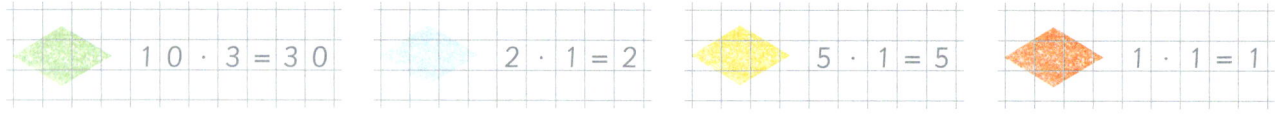

Aus 7 · 7 mache ich 8 · 7. Einmal 7 mehr.

Aus 8 · 8 mache ich 7 · 8. Einmal 8 weniger.

$49 + 7 = 56$
$8 \cdot 7 = 56$

$64 - 8 = 56$
$7 \cdot 8 = 56$

Till   Mila

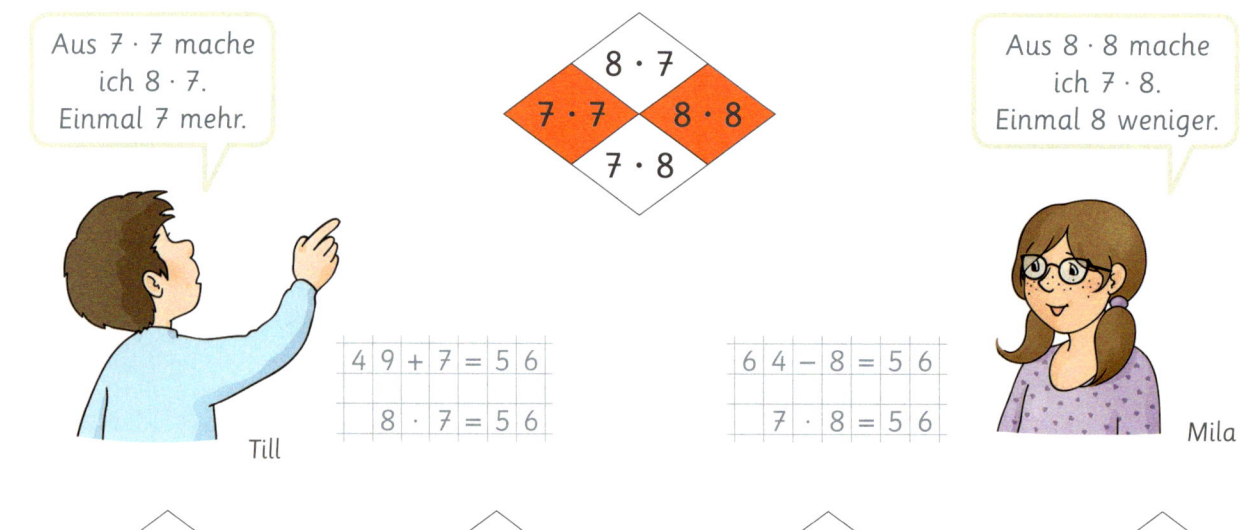

4 Wege auf der Einmaleins-Tafel. Vergleicht.

a) 7 · 5   7 · 2   7 · 7
   6 · 5   6 · 2   6 · 7
   5 · 5   5 · 2   5 · 7
   4 · 5   4 · 2   4 · 7

b) 5 · 10   5 · 1   5 · 9
   6 · 10   6 · 1   6 · 9
   7 · 10   7 · 1   7 · 9
   8 · 10   8 · 1   8 · 9

c) 1 · 3   1 · 4   1 · 7
   2 · 3   2 · 4   2 · 7
   3 · 3   3 · 4   3 · 7
   4 · 3   4 · 4   4 · 7

d) Findet weitere Reihen, die zusammen passen.

5 Wege auf der Einmaleins-Tafel. Immer drei Reihen gehören zusammen. Vergleicht.

a) 5 · 1   1 · 1   6 · 1
   5 · 2   1 · 2   6 · 2
   5 · 3   1 · 3   6 · 3
   5 · 4   1 · 4   6 · 4

b) 3 · 3   6 · 3   9 · 3
   3 · 4   6 · 4   9 · 4
   3 · 5   6 · 5   9 · 5
   3 · 6   6 · 6   9 · 6

c) 2 · 10   4 · 10   6 · 10
   2 · 9   4 · 9   6 · 9
   2 · 8   4 · 8   6 · 8
   2 · 7   4 · 7   6 · 7

d) Findet weitere Reihen, die zusammen passen.

6 Einmaleins

4 · 4

16

Malaufgabe zeigen, nennen und rechnen.

Das ist eine Quadrataufgabe.

5 mal 4 minus 1 mal 4

2 mal 4 plus 2 mal 4

4, 5 Zusammenhänge zwischen einzelnen Reihenausschnitten erkennen und die entsprechenden Summen und Differenzen bestimmen. Eigene Summen bzw. Differenzen von Reihen des Einmaleins finden.

(K, A) → Arbeitsheft, Seite 58   → Förderheft, Seite 63

Die Einmaleins-Tafel erkunden

1 Rechne mit der Einmaleins-Tafel.

a) 5 · 1	b) 6 · 2	c) 5 · 9	d) 1 · 3	e) 1 · 2	f) 4 · 2
4 · 2	5 · 3	6 · 8	2 · 4	2 · 3	5 · 3
3 · 3	4 · 4	7 · 7	3 · 5	3 · 4	6 · 4
2 · 4	3 · 5	8 · 6	4 · 6	4 · 5	7 · 5
1 · 5	2 · 6	9 · 5	5 · 7	5 · 6	8 · 6

2 Vergleicht und rechnet. Was fällt euch auf?

a) 2 · 2   b) 5 · 5   c) 3 · 3   d) 6 · 6   e) 4 · 4
   1 · 3   4 · 6   2 · 4   5 · 7   3 · 5

f) Findet weitere Aufgabenpaare.

3 Vergleicht und rechne. Was fällt euch auf?

a) 2 · 3   b) 5 · 6   c) 7 · 8   d) 6 · 7   e) 4 · 5
   1 · 4   4 · 7   6 · 9   5 · 8   3 · 6

f) Findet weitere Aufgabenpaare.

4 Rechnet und addiert über Kreuz die Ergebnisse. Was fällt euch auf?

a)
3 · 7
3 · 6   4 · 7
4 · 6

4 a) 3 · 7 = 21   3 · 6 = 18
     4 · 6 = 24   4 · 7 = 28
     21 + 24 =   18 + 28 =

b)
6 · 2
5 · 2   6 · 3
5 · 3

c)
2 · 6
1 · 6   2 · 7
1 · 7

d)
9 · 3
8 · 3   9 · 4
8 · 4

e)
7 · 3
6 · 3   7 · 4
6 · 4

f)
5 · 8
4 · 8   5 · 9
4 · 9

g) Rechnet weitere Aufgaben über Kreuz.

5 Wege auf der Einmaleins-Tafel. Immer vier Aufgaben.

a) 5 · 3
   6 · 3
   6 · 4
   5 · 4

b) 10 · 6
   9 · 6
   9 · 5
   10 · 5

c) 3 · 10
   3 · 9
   2 · 9
   2 · 10

d) 4 · 6
   4 · 5
   5 · 5
   5 · 6

e) 5 · 7
   6 · 7
   6 · 8
   5 · 8

f) 9 · 9
   9 · 8
   10 · 8
   10 · 9

g) 8 · 5
   9 · 5
   9 · 6
   8 · 6

h) 7 · 7
   7 · 6
   8 · 6
   8 · 7

i) 10 · 4
   10 · 5
   9 · 5
   9 · 4

j) 6 · 7
   7 · 7
   7 · 8
   6 · 8

k) Finde weitere Wege. Immer vier Aufgaben.

6 Sprünge auf der Einmaleins-Tafel. Immer vier Aufgaben.

a) 5 · 3
   7 · 3
   7 · 5
   5 · 5

b) 2 · 8
   4 · 8
   4 · 10
   2 · 10

c) 4 · 5
   6 · 5
   6 · 7
   4 · 7

d) 10 · 7
   8 · 7
   8 · 9
   10 · 9

e) 6 · 6
   8 · 6
   8 · 8
   6 · 8

f) 7 · 7
   9 · 7
   9 · 9
   7 · 9

g) 10 · 4
   10 · 6
   8 · 6
   8 · 4

h) Finde weitere Sprünge. Immer vier Aufgaben.

7 Rechne geschickt mit Nachbaraufgaben.

mit 10   mit 2   mit 5   Quadrat

a) 9 · 6
   7 · 6
   8 · 6
   4 · 8
   3 · 7

Ben 7a) 9 · 6 = 60 − 6 = 54
         10 · 6 = 60

Eva 7a) 9 · 6 = 45 + 9 = 54
         9 · 5 = 45

b) 9 · 7
   8 · 7
   6 · 9
   7 · 3
   6 · 4

c) 7 · 8
   3 · 9
   9 · 4
   7 · 4
   8 · 3

8 Vergleicht immer die Aufgabenpaare. Was fällt euch auf? Begründet.

a) 8 · 4
   8 · 2

b) 6 · 3
   3 · 3

c) 8 · 10
   4 · 10

d) 4 · 10
   4 · 5

e) 10 · 8
   5 · 8

f) 8 · 4
   4 · 4

g) Findet weitere Aufgabenpaare.

5–7 Wege auf der Einmaleins-Tafel erkunden und Beziehungen zwischen Nachbaraufgaben zum Rechnen nutzen.
8 Beziehungen zwischen den Aufgaben jedes Paares beschreiben und daraus Beziehungen zwischen den Ergebnissen herleiten.

(P, K, A, D) → Arbeitsheft, Seite 58

Rückblick

Ich kann Malaufgaben an den Malreihen zeigen und lösen, Malreihen untereinander vergleichen und mit einfachen Aufgaben schwierige Aufgaben lösen.

1 Zeichne und rechne mit Kernaufgaben.

a)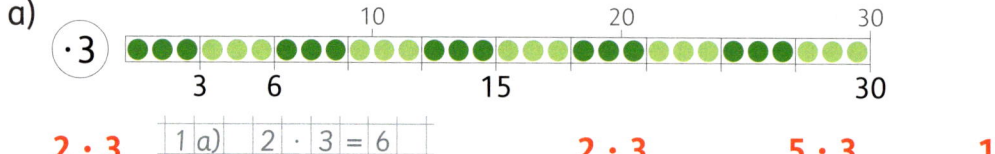

2 · 3	1 a) 2 · 3 = 6	2 · 3	5 · 3	10 · 3	10 · 3
3 · 3	3 · 3 =	4 · 3	6 · 3	8 · 3	9 · 3

b)

2 · 4	1 b) 2 · 4 = 8	10 · 4	5 · 4	10 · 4	2 · 4
4 · 4	4 · 4 =	8 · 4	7 · 4	9 · 4	3 · 4

2 Vergleiche.

4-mal ist das Doppelte von 2-mal.

a) 2 · 6   2 · 4   2 · 8
   4 · 6   4 · 4   4 · 8

5-mal ist die Hälfte von 10-mal.

b) 10 · 10   10 · 7   10 · 9
   5 · 10   5 · 7   5 · 9

9-mal ist 10-mal minus 1-mal.

c) 10 · 2   10 · 3   10 · 4
   9 · 2   9 · 3   9 · 4

6-mal ist 5-mal plus 1-mal.

d) 5 · 4   5 · 7   5 · 9
   6 · 4   6 · 7   6 · 9

3 Rechne mit der Einmaleins-Tafel.

a) 5 · 3 b) 6 · 6 c) 2 · 3 d) 4 · 1 e) 8 · 5 f) 2 · 5
   5 · 4   5 · 6   3 · 4   5 · 2   7 · 6   3 · 4
   5 · 5   4 · 6   4 · 5   6 · 3   6 · 7   4 · 3
   5 · 6   3 · 6   5 · 6   7 · 4   5 · 8   5 · 2

4 Übt immer wieder.

Einmaleins (Seite 93)

Wesentliche Aspekte des Kapitels noch einmal reflektieren.

(K, D) → Arbeitsheft, Seite 59

Forschen und Finden: Maltabellen

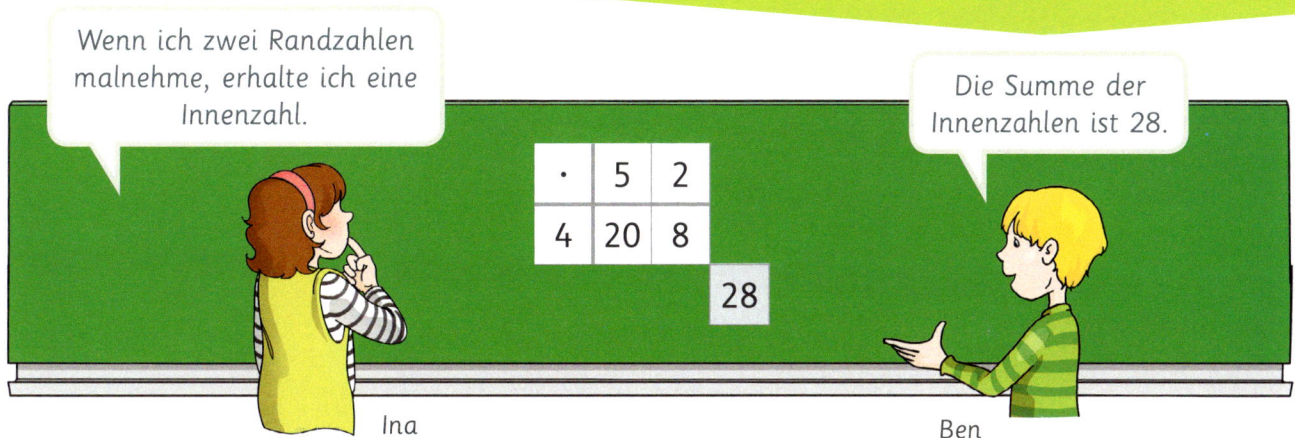

1 Maltabellen.

a)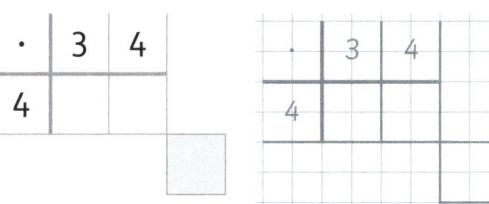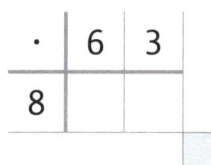

·	3	4
5		

·	6	3
8		

b) Vergleicht die Randzahlen und die Summe. Was fällt euch auf? Zeigt am Hunderterfeld.

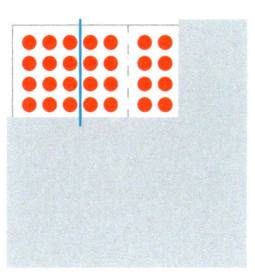

2 Findet Maltabellen.

a) 8 · 7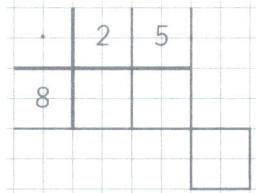

b) 7 · 9

c) 7 · 7

d) ___ · ___

3 Vergleicht die Maltabellen. Setzt fort und erklärt.

a)

·	5	5
10		

·	5	4
9		

·	5	3
8		

·		

b)

·	2	3
8		

·	3	4
8		

·	4	5
8		

·		

Skizzen zeichnen

100 Zentimeter sind 1 Meter.   1 m = 100 cm

1 Die Kinder der Klasse 2b möchten den Schulgarten bepflanzen.
Marta, Esra und Finn haben dafür Skizzen angefertigt.
Welche Skizze ist hilfreich? Begründe.

a)
Marta

b)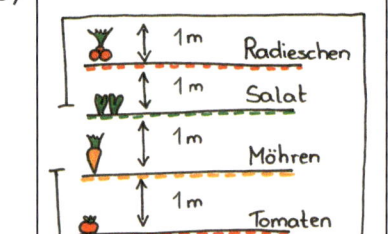
Esra

c)
Finn

2 Für jedes Gemüse gibt es eine Reihe von 2 m Länge.
Wie viele Pflanzen können höchstens gepflanzt werden? Löse mit einer Skizze.

a) Die Kinder pflanzen Tomaten im Abstand von 50 cm.

b) Die Kinder pflanzen Möhren im Abstand von 20 cm.

c) Die Kinder pflanzen Feldsalat im Abstand von 10 cm.

d) Die Kinder pflanzen Gurken im Abstand von 25 cm.

e) Die Kinder pflanzen Kohlrabi im Abstand von 15 cm.

3 a) 5 Tannen stehen gleichmäßig in einer Reihe. Von der ersten bis zur letzten Tanne sind es 16 m. Wie groß ist der Abstand zwischen den einzelnen Tannen? Löse mit einer Skizze.

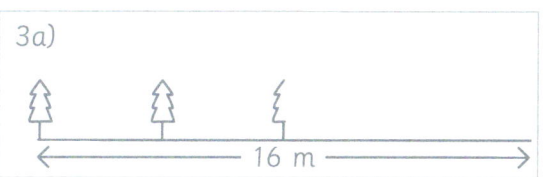

b) 6 Fichten stehen gleichmäßig in einer Reihe. Von der ersten bis zur letzten Fichte sind es 15 m. Wie groß ist der Abstand zwischen den einzelnen Fichten. Löse mit einer Skizze.

4 a) Eine Tanne wächst in jedem Jahr ungefähr 13 cm. Wie alt ist eine Tanne, wenn sie 50 cm hoch ist? Nach wie vielen Jahren ist sie 1 m hoch?

b) Eine Fichte wächst in jedem Jahr ungefähr 31 cm. Wie alt ist eine Fichte, wenn sie 50 cm hoch ist? Nach wie vielen Jahren ist sie 1 m hoch?

5 Anna, Mila und Max haben Skizzen zu verschiedenen Tieren gezeichnet. Ordne die passenden Skizzen zu den Beschreibungen.

a) Der Floh springt 60 cm weit.

b) Der Baummarder springt 1 m 50 cm weit.

c) Das Eichhörnchen springt 90 cm weit.

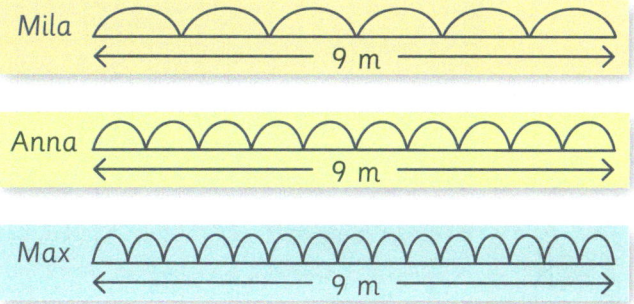

6 Eine Heuschrecke springt 2 m weit.
a) Wie weit kommt sie mit 4 Sprüngen?
b) Wie viele Sprünge braucht sie für 18 m?

7 Ein Hase springt 3 m weit.
a) Wie weit kommt er mit 4 Sprüngen?
b) Wie viele Sprünge braucht er für 18 m?

8 Zeichne Skizzen zu diesen Tieren. Wie viele Sprünge brauchen sie für 40 m?

a) Ein Wildschwein springt 4 m weit.

b) Ein Pferd springt 8 m weit.

c) Ein Schäferhund springt 5 m weit.

d) Ein Reh springt 6 m weit.

e) Wähle selbst ein Tier. Finde heraus, wie weit es springt und zeichne eine Skizze.

Einführung der Division

24 : 4 = 6
24 geteilt durch 4 gleich 6

1

Erzählt.
a) Findet Geteiltaufgaben.   b) Sucht in eurer Klasse Geteiltaufgaben.

1 Geteiltaufgaben zum Bild erzählen und erläutern. Notation besprechen. Besprechen, wie die Gruppen gebildet werden können, und Nachspielen der Situation im Klassenzimmer. Zeichnungen erstellen und besprechen. Nicht zu jeder Anzahl kann man gleich große Gruppen bilden, manchmal bleibt ein Rest.

■ ■ (P, D, K)   → Arbeitsheft, Seiten 62, 63   → Förderheft, Seiten 65, 66

Teilen in der Umwelt

2 18 Kinder bilden gleiche Gruppen. Wie viele Gruppen?
  a) Immer 3 Kinder in einer Gruppe.
  b) Immer 6 Kinder in einer Gruppe.
  c) Wählt eine Anzahl von Kindern. Könnt ihr gleiche Gruppen bilden? Findet Geteiltaufgaben.

3 Teilt 24 Plättchen in Gruppen auf. Zeichnet und rechnet.
  a) Immer 8 Plättchen in einer Gruppe.   b) Immer 6 Plättchen in einer Gruppe.
  c) Immer 4 Plättchen in einer Gruppe.   d) Immer 3 Plättchen in einer Gruppe.

4 Das Klassenfest ist zu Ende. Zeichnet und rechnet.
  a) 20 Luftballons werden an 5 Kinder verteilt.
     Wie viele Luftballons bekommt jedes Kind?

 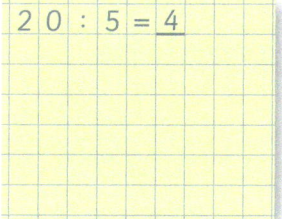 

  b) 20 Blumen werden an 4 Kinder verteilt.
     Wie viele Blumen bekommt jedes Kind?
  c) 12 Brötchen werden an 6 Kinder verteilt.
     Wie viele Brötchen bekommt jedes Kind?
  d) 12 Stücke Schokolade werden an 2 Kinder verteilt.
     Wie viele Stücke bekommt jedes Kind?

5 Verteilt 30 Karten an Kinder. Wie viele Karten bekommt jedes Kind?
  a) 3 Kinder   b) 5 Kinder   c) 6 Kinder

6 Verteilt 24 Karten an Kinder. Wie viele Karten bekommt jedes Kind?
  a) 4 Kinder   b) 6 Kinder   c) 8 Kinder

7 Verteilt 20 Plättchen an Kinder. Wie viele Plättchen bekommt jedes Kind?
  a) 5 Kinder   b) 4 Kinder   c) 2 Kinder
  d) Wählt eine Anzahl von Plättchen. An wie viele Kinder könnt ihr die Plättchen verteilen? Findet Geteiltaufgaben.

Umkehraufgaben

Die Umkehraufgabe von 15 : 3 = 5 ist 5 · 3 = 15.

1 Legt und rechnet immer Aufgabe und Umkehraufgabe.
   a) 12 Plättchen, immer 4 Plättchen in einer Reihe.
   b) 30 Plättchen, immer 10 Plättchen in einer Reihe.
   c) 24 Plättchen, immer 6 Plättchen in einer Reihe.
   d) Wählt eine Anzahl von Plättchen. Findet passende Aufgaben und Umkehraufgaben.

   1 a) 1 2 : 4 =
         3 · 4 = 1 2

2 Rechne immer Aufgabe und Umkehraufgabe.
   a)    b)    c)    d)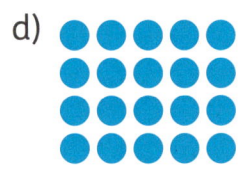

   e) Zeichne Punktefelder und rechne.

3 Rechne geschickt mit der Umkehraufgabe.
   a) 54 : 6   b) 36 : 6   c) 32 : 4   d) 27 : 9   e) 54 : 9

   3 a) 5 4 : 6 = ___
         9 · 6 = 5 4

   f) 20 : 5   g) 21 : 7   h) 36 : 9   i) 42 : 6
   j) Schreibe Aufgaben und Umkehraufgaben.

4 Findet geschickt Geteiltaufgaben mit dem Ergebnis.
   a) 2   b) 5   c) 10   d) 1

   4 a) 2 · 4 = 8   b) 5 · 4 = 2 0   c) 1 0 · 4 = 4 0   d) 1 · 4 = 4
         8 : 4 = 2   2 0 : 4 = 5   4 0 : 4 = 1 0   4 : 4 = 1

1 Operative Beziehungen zwischen Multiplikation und Division über Aufgaben und Umkehraufgaben herausstellen. 1, 2 Zu einer Rechteckdarstellung Aufgabe und Umkehraufgabe finden. Begriff „Reihe" sichern. 3 Struktur der Umkehraufgaben zum einfachen Ausrechnen nutzen. 4 Einfache Geteiltaufgaben finden.

(K, D) → Arbeitsheft, Seiten 64, 65 → Förderheft, Seite 67

Immer zwei Malaufgaben und zwei Geteiltaufgaben.

15

5 · 3
3 · 5
15 : 5
15 : 3

5 in einer Reihe, 3 Reihen, also 3 mal 5.

Die Tauschaufgabe ist 5 mal 3.

15 Plättchen, 5 Reihen, also 15 geteilt durch 5.

15 Plättchen, immer 3 in jeder Reihe, also 15 geteilt durch 3.

3 · 5   5 · 3   15 : 5   15 : 3

5 Immer vier Aufgaben.

a) 8 · 7

5 a)   8 · 7 = 56   56 : 7 = 8
       7 · 8 = 56   56 : 8 = 7

b) 9 · 6   c) 4 · 9   d) 6 · 7
e) 5 · 7   f) 8 · 4   g) 7 · 7

6 Drei Zahlen, immer vier Aufgaben.

a) 6 4 24   b) 3 9 27   c) 21 7 3   d) 8 4

7 Immer vier Aufgaben zu einer Zahl.

a) 10

7 a)   20 : 10 = 2   10 · 2 = 20
       20 : 2 = 10   2 · 10 = 20

b) 5   c) 2

8 a) Paula verteilt 36 Bonbons an 6 Kinder. Wie viele Bonbons bekommt jedes Kind?

b) Vom Bahnhof fährt alle 6 Minuten ein Bus. Wie viele Busse fahren in 1 Stunde? Wie viele Busse fahren in 2 Stunden?

✱ c) Finde Geteiltgeschichten.

5 Beziehungen zwischen Aufgabe, Tauschaufgabe und Umkehraufgaben erkennen und nutzen. **6** Zu drei Zahlen vier Aufgaben notieren. **7** Aufgabenfamilien aus Kernaufgaben. **8** Textaufgaben zur Division lösen.

(P, K, D) → Arbeitsheft, Seiten 64, 65 → Förderheft, Seite 67

Dividieren an Malreihen

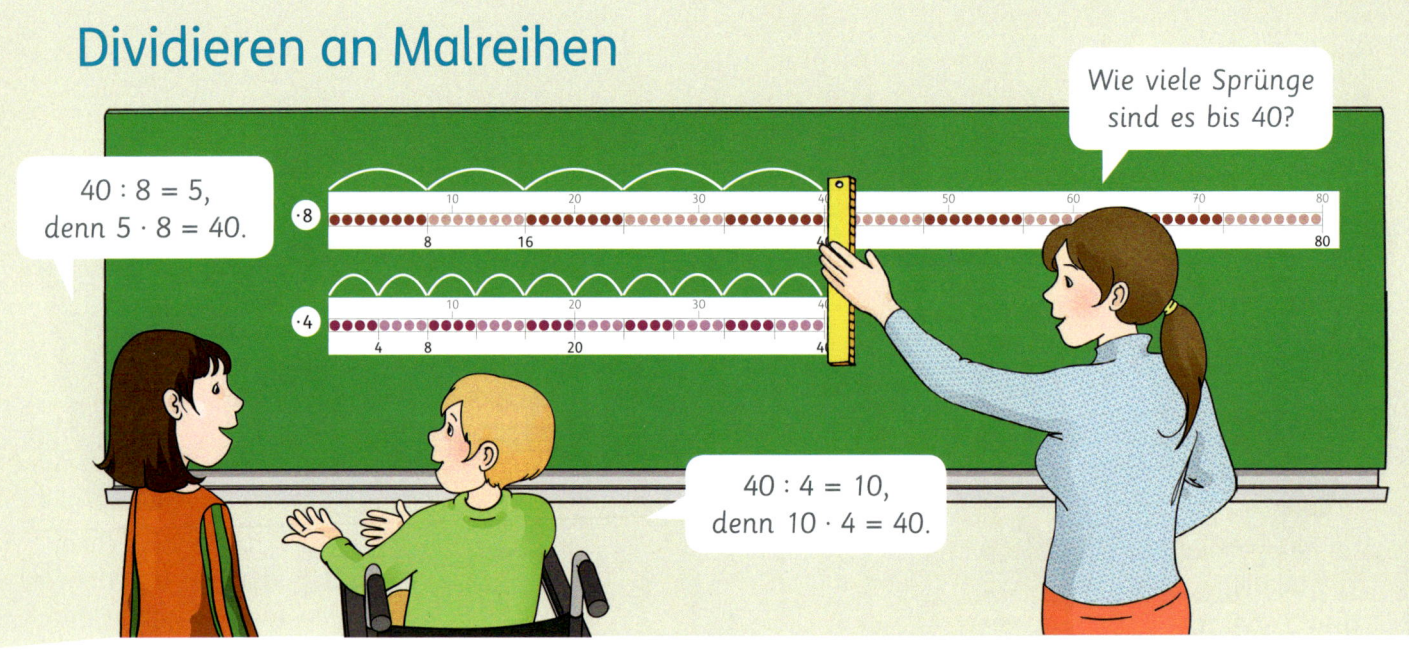

1 Zeigt an der Viererreihe und an der Achterreihe. Wie viele Sprünge sind es?
   a) bis 40   40 : 4 = 10, denn 10 · 4 = 40
              40 : 8 = 5, denn 5 · 8 = 40
   b) bis 24   c) bis 16   d) bis 8

   e) Wählt weitere Zahlen. Teilt durch 4 und durch 8.

2 Zeigt am Einmaleins-Plan. Wie viele Siebenersprünge sind es?
   a) bis 70   b) bis 49   c) bis 35   d) bis 14   e) bis 7   f) bis 21

3 Nachbaraufgaben. Vergleiche an der Viererreihe.
   a) 20 : 4   b) 40 : 4   c) 8 : 4   d) 40 : 4   e) Finde weitere
      24 : 4   36 : 4   12 : 4   32 : 4   Aufgabenpaare.

4 Nachbaraufgaben. Vergleiche an der Achterreihe.
   a) 40 : 8   b) 80 : 8   c) 16 : 8   d) 8 : 8   e) Finde weitere
      48 : 8   72 : 8   24 : 8   16 : 8   Aufgabenpaare.

5 Nachbaraufgaben. Vergleiche an der Siebenerreihe.
   a) 35 : 7   b) 70 : 7   c) 14 : 7   d) 35 : 7   e) Finde weitere
      42 : 7   63 : 7   21 : 7   28 : 7   Aufgabenpaare.

6 Einfache Aufgaben.
   a) 40 : 4   b) 20 : 4   c) 8 : 4   d) 4 : 4   e) Finde und rechne
      80 : 8   40 : 8   16 : 8   8 : 8   einfache Aufgaben.
      70 : 7   35 : 7   14 : 7   7 : 7

1, 2 Einfache Divisionsaufgaben als Umkehrung einfacher Malaufgaben mithilfe der Malreihen lösen.
3–5 Nachbarbeziehungen nutzen und von einfachen auf schwierige Divisionsaufgaben schließen. Begriff *Nachbaraufgabe* wiederholen.

(K) Arbeitsheft, Seiten 66, 67

7 Zeigt an der Dreierreihe und an der Sechserreihe. Wie viele Sprünge sind es?
a) bis 30   7 a) 30 : 3 = 10, denn 10 · 3 = 30   b) bis 18   c) bis 12   d) bis 6
30 : 6 = 5, denn 5 · 6 = 30

e) Wählt weitere Zahlen. Teilt durch 3 und durch 6.

8 Zeigt am Einmaleins-Plan. Wie viele Neunersprünge sind es?
a) bis 90   b) bis 81   c) bis 45   d) bis 18   e) bis 9   f) bis 36

9 Nachbaraufgaben. Vergleiche an der Neunerreihe.
a) 45 : 9   b) 18 : 9   c) 9 : 9   d) 90 : 9   e) Finde weitere
   54 : 9   27 : 9   18 : 9   81 : 9   Aufgabenpaare.

10 Beginne immer mit einer einfachen Aufgabe. Kreuze an.
a) 6 : 3   15 : 3   b) 6 : 6   36 : 6   c) 9 : 9   63 : 9
    9 : 3   18 : 3   12 : 6   42 : 6   18 : 9   72 : 9
   12 : 3   21 : 3   18 : 6   48 : 6   27 : 9   81 : 9

11 Geteilt durch 10 und durch 9. Vergleiche.
a) 20 : 10   b) 30 : 10
   18 : 9   27 : 9

c) 40 : 10   d) __ : 10
   36 : 9   __ : 9

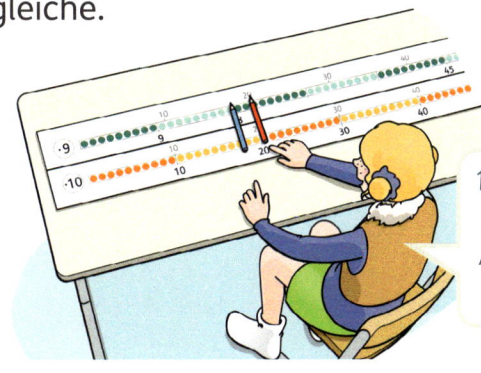

10 passt 2 mal in die 20. 18 ist 2 weniger als 20. Also passt 9 auch 2 mal in die 18.

Rückblick

Ich kann Geteiltaufgaben finden, legen und zeigen, vergleichen und rechnen.
Ich kann Geteiltaufgaben mit Malaufgaben lösen.

1 Finde Aufgaben zu den Bildern.

2 Zeichne Bilder zu   a) 12 : 4   b) 18 : 3   c) 20 : 5   d) 9 : 3

3 Rechne immer Aufgabe und Umkehraufgabe.

a)    3 a)   3 · 4 = 1 2   b)    c) 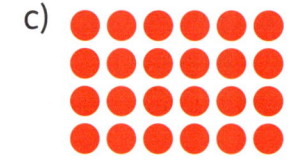   d)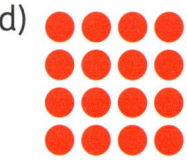
                1 2 : 4 =   3

4 Rechne die Kernaufgaben.

a) 3 : 3	b) 50 : 5	c) 40 : 8	d) 12 : 6	e) 30 : 3	f) 25 : 5
7 : 7	100 : 10	35 : 7	8 : 4	20 : 5	16 : 8
1 : 1	90 : 9	45 : 9	18 : 9	16 : 2	10 : 1

5 Zeige an den Malreihen.

a) 8 : 4	b) 16 : 8	c) 6 : 3	d) 12 : 6	e) 49 : 7	f) 45 : 9
20 : 4	40 : 8	15 : 3	30 : 6	35 : 7	18 : 9
16 : 4	64 : 8	9 : 3	36 : 6	14 : 7	81 : 9

6 Nachbaraufgaben.

a) 30 : 3	b) 15 : 3	c) 60 : 6	d) 30 : 6	e) 90 : 9	f) 45 : 9
27 : 3	18 : 3	54 : 6	24 : 6	81 : 9	54 : 9
g) 40 : 4	h) 20 : 4	i) 80 : 8	j) 40 : 8	k) 70 : 7	l) 35 : 7
36 : 4	24 : 4	72 : 8	32 : 8	63 : 7	28 : 7

1–6 Wesentliche Aspekte des Kapitels noch einmal reflektieren.

Forschen und Finden: Rechenketten

1 Rechne. Was fällt dir auf? Begründe.

a)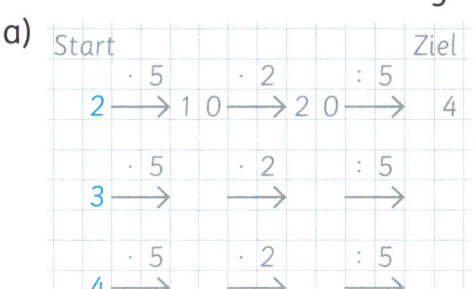

b)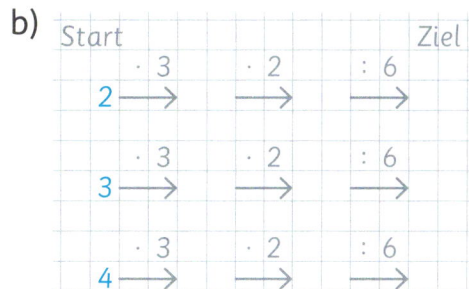

2 Rechne und setze fort. Was fällt dir auf? Begründe.

a)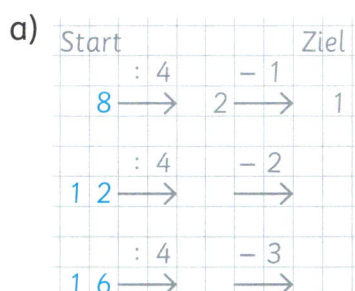

b)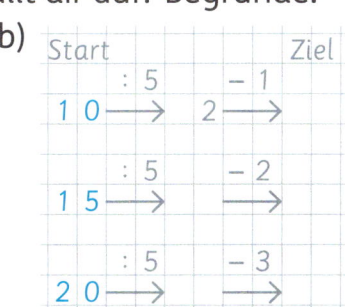

c)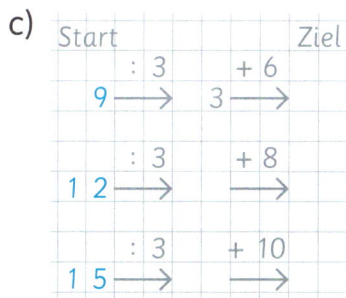

3 Probiert mit verschiedenen Startzahlen. Was fällt euch auf?

a)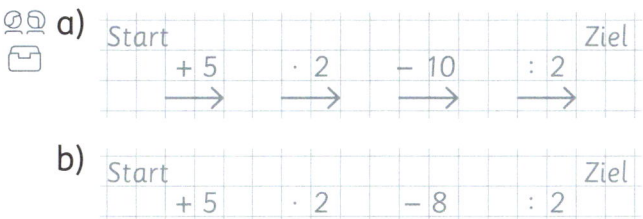

b) Start +5 · 2 − 8 : 2 Ziel

c) Findet Rechenketten mit schönen Zielzahlen.

Sachrechnen

1 Erzähle und rechne.

Wie viele Flaschen Saft werden bisher gespendet?

22 + 23 = 45
45 Flaschen Saft werden bisher gespendet.

Unser Schulfest

Dauer: 15.00 Uhr – 18.00 Uhr   Aufbau: ab 13.30 Uhr

Teilnehmer beim Fußballturnier

Klasse	1a	1b	2a	2b	3a	3b	4a	4b
Kinder	11	14	9	9	8	12	10	13

Getränke

Wir brauchen:
50 Flaschen Saft

Klasse	Spende
1a	22 Flaschen
2b	23 Flaschen

Wir brauchen:
100 Flaschen Wasser

Klasse	Spende
3b	25 Flaschen
4b	20 Flaschen
1b	30 Flaschen

Preisliste

1 Wertmarke:	0,50 €
Wasser:	1 Wertmarke
Saft:	2 Wertmarken
Würstchen:	3 Wertmarken

Wir haben 3 Mini-Fußballfelder
Für jedes Feld brauchen wir:
– 2 Tore
– 1 Ball
– 4 Eckfahnen
– 3 Helfer
– 6 Spieler

Helfer beim Aufbau	Helfer beim Abbau
ЖЖЖЖЖIII	ЖЖЖЖII

a) Aus welcher Klasse nehmen die meisten Kinder am Fußballturnier teil?

b) Wie viel kostet ein Würstchen?

c) Wie viele Eckfahnen werden benötigt?

d) Wie viele Flaschen Wasser müssen noch gespendet werden?

e) Finde weitere Fragen und beantworte sie.

1 Pinnwand gemeinsam betrachten und erläutern. Anschließend anhand der Pinnwand die Fragen beantworten und weitere Aufgaben finden.

(K, M, D) → Arbeitsheft, Seite 70

2 a) Wie viele Kinder nehmen aus dem ersten, zweiten, dritten und vierten Schuljahr am Fußballturnier teil? Lege eine Tabelle an.

2 a)	1. Schuljahr	25
	2. Schuljahr	

b) Wie viele Tore, Bälle, Eckfahnen, Helfer und Spieler werden für die Fußballfelder benötigt? Lege eine Tabelle an.

2 b)	Tore	6
	Bälle	

3 Finde eine passende Frage und beantworte sie.

a) Finn geht mit 5 Euro zum Schulfest. Er kauft ein Wasser und ein Würstchen.

b) Sporthaus Schulz liefert 6 Tore an. Immer 4 Kinder tragen zusammen ein Tor.

c) Anna kommt mit ihren Eltern um 15.00 Uhr zum Schulfest. Sie helfen später beim Abbau mit. Um 18.30 Uhr gehen sie nach Hause.

4 a) Rechengeschichten erfinden.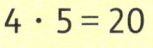

Die Klasse 2b singt ein Lied. Es stehen immer 5 Kinder in einer Reihe. Insgesamt gibt es 4 Reihen.
Sophie

Anton — 5 € 5 € 5 € 5 €

Eric

In der Bastelecke stehen 4 Tische. An jedem Tisch können 5 Kinder sitzen.
Kim

b) Findet Rechengeschichten zu 4 · 6 = 24   16 : 2 = 8   75 + 25 = 100 .

5 Anton feiert seinen 8. Geburtstag. Er feiert von 15.00 Uhr bis 18.30 Uhr und lädt 7 Kinder ein. Welche Fragen kannst du beantworten?

a) Wie lang dauert Antons Feier?

b) Wie viele Geschwister hat Anton?

c) Welchen Geburtstag feiert Anton in 2 Jahren?

d) Wie viele Kinder feiern zusammen?

Legen und Überlegen

1 24 Personen sind im Schwimmbad.
Es sind 6 Kinder **mehr als** Erwachsene.
Wie viele Kinder sind es?
Wie viele Erwachsene?

Ich probiere mit Plättchen. Blau sind die Kinder und rot die Erwachsenen.

2 Einen Tag später sind wieder 24 Personen im Schwimmbad. Nun sind es **doppelt so viele** Kinder wie Erwachsene.
Wie viele Kinder sind es?
Wie viele Erwachsene?

3 6 Personen gehen ins Schwimmbad.
Sie zahlen 24 Euro Eintritt.
Wie viele Kinder sind es?
Wie viele Erwachsene?

Schwimmbad mit **Superrutsche**
Kinder: 3 €
Erwachsene: 6 €

4 Eine Gruppe geht ins Schwimmbad.
Sie zahlt 24 Euro.
Wie viele Kinder können es sein?
Wie viele Erwachsene?

5 24 Kinder sind im Schwimmbad.
An der Rutsche sind 10 Kinder weniger als im Wasser. ?

6 24 Kinder sind im Schwimmbecken.
Es sind halb so viele Kinder im tiefen Wasser wie im flachen Becken. ?

7 24 Kinder sind im Schwimmbad. 6 Kinder sind im flachen Wasser.
Von den übrigen Kindern sind doppelt so viele im tiefen Wasser wie an der Rutsche. ?

8 Finde weitere Aufgaben.

9 Hier stimmt etwas nicht. Erkläre.

Martha
13 Personen sind im Schwimmbad.
Es sind doppelt so viele Kinder wie Erwachsene.

Murat
Eine Gruppe geht ins Schwimmbad.
Sie zahlen 20 Euro.
Wie viele Kinder können es sein?
Wie viele Erwachsene?

Wie viele Beine haben die Tiere?

Ben

4 + 4 + 4 + 4 + 4 + 2 + 2 = 24

Sophie
Pferde: 3 · 4 = 12
Katzen: 2 · 4 = 8
Enten: 2 · 2 = 4
Insgesamt sind es 24 Beine.

Murat
4, 8, 12, 16, 20, 22, 24

Lilly
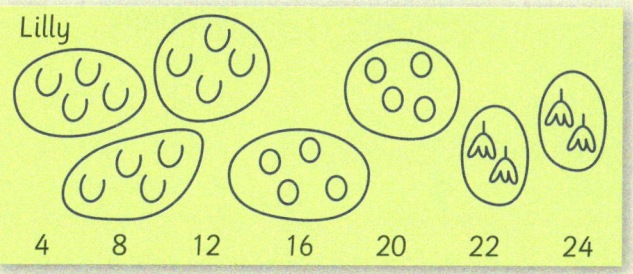

Finn

Vierbeiner	Beine
1	4
2	8
3	12
4	16
5	20

Zweibeiner	Beine
1	2
2	4
3	6

20 + 4 = 24

Kim
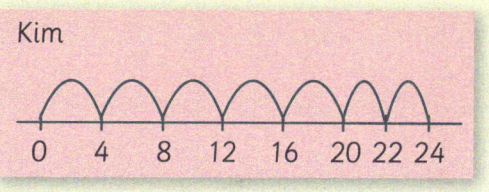

10 a) Im Stall sind 1 Pferd, 2 Katzen und 3 Enten. Wie viele Beine sind es?

b) Im Stall sind 2 Pferde, 3 Katzen und 2 Enten. Wie viele Beine sind es?

11 a) Es sind 24 Beine. Wie viele Pferde, wie viele Enten können es sein?

b) Es sind 18 Beine und 6 Tiere. Wie viele Pferde, wie viele Enten?

✽12 Finde weitere Aufgaben.

13 Hier stimmt etwas nicht. Erkläre.

Esra
Es sind 25 Beine.
Wie viele Pferde?
Wie viele Enten?

Leo
Es sind 30 Beine.
Wie viele Katzen?
Wie viele Pferde?

Till
Es sind 18 Beine und 6 Köpfe.
4 Tiere sind Pferde.
Wie viele Enten sind es?

10, 11 Zaunrätsel lösen. Dabei wie im Einstieg Skizzen als Lösungshilfe nutzen.   12 Eigene Zaunrätsel erfinden. Vom Partner oder der ganzen Klasse lösen lassen.   13 Fehler in Aufgabe finden und erklären. Fehler könnten korrigiert werden.

(P, A, M, D)   → Arbeitsheft, Seite 71

Orientierung im Klassenraum

1 Erzähle.

Links von mir sitzt niemand.

Rechts von mir sitzt Till. Links von mir sitzt Noah. Mir gegenüber sitzt Metin.

Sitzplan

Sophie	Lena
Anna	Eric
Leo	Paula

Eva	Finn
Murat	Mila
Ben	Esra

Kim	Max
Anton	Till
Metin	Lilly
Ina	Noah

2 Wer sitzt neben wem? Schreibe.

a) Ich bin Anton.

Wer sitzt rechts von mir?
Wer sitzt links von mir?
Wer sitzt mir gegenüber?

2 a) Rechts von Anton sitzt Metin.
      Links von Anton sitzt

b) Ich bin Noah.

Wer sitzt rechts von mir?
Wer sitzt links von mir?
Wer sitzt mir gegenüber?

c) Suche dir ein Kind aus dem Sitzplan aus. Schreibe ebenso.

3 Wer bin ich?

a) Ich sitze gegenüber von Leo.   3 a) Paula sitzt gegenüber von Leo.

b) Rechts von mir sitzt Eric.

c) Ich sitze zwischen Max und Lilly.

d) Links von mir sitzt Anna.

e) Finde Rätsel für deinen Partner.

1 Zusammengehörigkeit von Sitzplan und Illustration der Klassensituation besprechen. Welches Kind sitzt im Plan wo? Wo findet man dieses Kind in der Illustration. Weitere Gesprächsanlässe nutzen: Was steht *auf* den Tischen? Was liegt *unter* den Tischen.   **2, 3** Raumlagebegriffe mit Bezug zum Sitzplan korrekt interpretieren.

■ (P, D)   → Arbeitsheft, Seite 72   → Förderheft, Seite 69

4 Welche Ansicht gehört zu welchem Kind?

a) 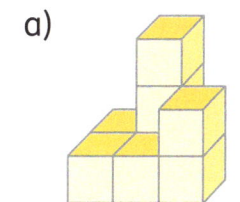   b)

4 a)   Esra

c) 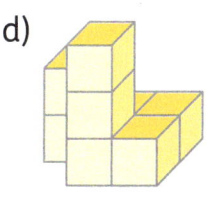   d)

5 Welche Ansicht gehört zu welchem Kind?

a) 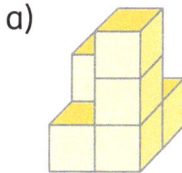   b)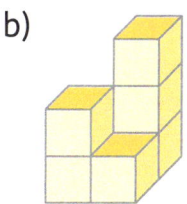

c) 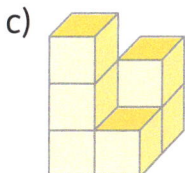   d)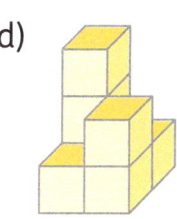

6 Verschiedene Ansichten. Zeichnet den Bauplan.

Till    Max

Lena 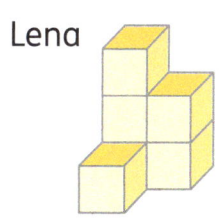   Esra

4–6 Überlegen, welches Kind das Gebäude wie sieht. Dabei besondere Bezugspunkte, wie z. B. den Dreierturm, zur Begründung heranziehen. Bei Problemen Gebäude nachbauen und Situation nachstellen.

(P, K, A, D)   → Arbeitsheft, Seite 72   → Förderheft, Seite 69

Straßenpläne: Eckenhausen

1 Leo geht zur Schule. Beschreibe die Wege mit Pfeilen.

a) Er geht zuerst in Richtung Kirche. Bei der zweiten Kreuzung biegt er links ab.

b) Er geht in Richtung Taxistand. Bei der zweiten Kreuzung biegt er rechts ab.

c) Er geht in Richtung Schwimmbad. An der ersten Kreuzung biegt er rechts ab. Beim Imbiss biegt er links ab

d) Wie kann Leo noch gehen? Beschreibe mit Worten oder Pfeilen.

1 Leos Wege zur Schule mithilfe von Pfeilen beschreiben. Dabei Raumlagebegriffe schulen. Darauf achten, dass die Wege aus der Perspektive von Leo beschrieben werden müssen. Auch eigene Wege finden und mit Worten oder Pfeilen beschreiben.

(P, K, D) → Arbeitsheft, Seite 73 → Förderheft, Seite 70

○ **2** Eva geht zur Schule.

Eva →→→→↑↑ Schule   Eva geht zuerst in Richtung Kirche. An der Kirche biegt sie links ab.

Beschreibe ebenso.

a) Ina geht zum Schwimmbad. ✻ b) _____ geht zum Spielplatz.

○ **3** Ina geht zur Schule. Beschreibe mit Worten.

a) Sie geht den Weg: →→→↓
b) Sie geht den Weg: →→→→↓←
c) Sie geht den Weg: ↑→→→↓↓

3 a) Sie geht zuerst in Richtung Post. An der dritten Kreuzung biegt sie rechts ab.

d) Wie kann Ina noch gehen? Beschreibe mit Pfeilen und mit Worten.

● **4** Leo will keine Umwege gehen. Findet kürzeste Wege. Beschreibt mit Worten oder mit Pfeilen.

a) Er geht zum Imbiss.   b) Er geht zur Eisdiele.

c) Er geht zur Post.   ✻ d) Wohin geht er noch?

○ **5** a) Beschreibt mit Pfeilen und mit Worten, wie Eva zum Spielplatz gehen kann.

b) Eva will bis zum Spielplatz keine Umwege gehen. Wie viele verschiedene kürzeste Wege kann sie gehen?

c) Beschreibt alle gefundenen Wege mit Pfeilen.

● **6** a) Metin geht nach Hause. Er geht →→→→. Wo ist er gestartet?

b) Mila geht nach Hause. Sie geht ←←←←←↑↑↑. Wo ist sie gestartet?

✻ c) Finde Rätsel. Stelle sie deinem Partner.

2 Wege mithilfe von Pfeilen, Worten oder Plänen beschreiben. KV nutzen. 3 Inas Wege zur Schule mit Worten beschreiben. Dabei an den Sätzen aus Aufgabe 1 orientieren. 4, 5 (Kürzeste) Wege mit Worten und Pfeilen beschreiben. Dabei möglichst systematisch vorgehen. 6 Wege zurückverfolgen und eigene Rätsel schreiben.

(P, K, D) → Arbeitsheft, Seite 73 → Förderheft, Seite 70

Aufgaben vergleichen

38 + 47

38 + 47 kann man vereinfachen. Ich nehme zwei blaue Plättchen weg und lege zwei rote dazu.

Wir nehmen genauso viele Plättchen weg, wie wir dazu legen.

$$38 + 47 = 40 + 45$$
(+2 / −2)

1 Findet viele Aufgaben zum Ergebnis.

a) 36 b) 25
c) 33 d) 40
e) 50 f) 60

g) Wähle eigene Zahlen und finde Aufgaben.

1 + 2 + 3 + 4 + 5 + 6 + 7 + 8
5 · 5 + 11
6 · 6
35 + 1
11 + 12 + 13
40 − 4   72 : 2   27 + 9

Liebe Mama!
Herzliche Glückwünsche zu deinem 36. Geburtstag.
Deine Leonie

2 Rechnet zuerst die einfache Aufgabe.
Erklärt. Warum sind die Ergebnisse immer gleich?

a) 19 + 17 / 20 + 16
b) 53 + 15 / 58 + 10
c) 41 − 17 / 44 − 20
d) 55 − 19 / 56 − 20
e) 4 · 7 + 4 · 7 / 5 · 7 + 3 · 7
f) 6 · 3 / 5 · 3 + 1 · 3

g) Findet weitere Aufgabenpaare.

Gleichungen

3 Wie heißt die fehlende Zahl? Denke an die Umkehraufgabe.

a) __ + 16 = 56
__ + 18 = 56
__ + 20 = 56
__ + 22 = 56

b) __ + 27 = 55
__ + 27 = 60
__ + 27 = 65
__ + 27 = 70

c) __ − 9 = 74
__ − 9 = 76
__ − 9 = 78
__ − 9 = 80

d) __ − 11 = 83
__ − 13 = 78
__ − 15 = 73
__ − 17 = 68

4 Vergleiche. Finde geschickt die fehlende Zahl.

a) 19 + 17 = 17 + __
28 + 15 = __ + 28
39 + 16 = 40 + __
71 + 19 = 70 + __

b) 26 + 37 = 30 + __
0 + 23 = __ + 20
88 + 7 = 90 + __
47 + 9 = __ + 10

c) __ + 20 = 55 + 19
50 + __ = 53 + 37
__ + 20 = 39 + 19
__ + 20 = 17 + 18

d) 37 − 19 = __ − 20
48 − 31 = __ − 30
41 − 18 = __ − 20
33 − 0 = __ − 10

e) 27 − 18 = 29 − __
49 − 19 = 50 − __
66 − 37 = __ − 40
78 − 39 = __ − 40

f) __ − 20 = 55 − 19
73 − __ = 71 − 48
97 − __ = 90 − 60
__ − 33 = 47 − 30

5 Rechne geschickt.

a) 11 + 28 + 19
29 + 35 + 11
18 + 27 + 32
21 + 37 + 13

b) 12 + 28 − 8
29 + 35 − 19
19 + 27 − 7
22 + 38 − 9

c) 37 + 15 − 5
59 + 37 − 36
43 + 19 − 13
19 − 13 + 43

5 a) 1 1 + 2 8 + 1 9 = 3 0 + 2 8 = 5 8

6 Schöne Päckchen. Beschreibe und rechne.

a) 25 + 29
27 + 28
29 + 27
31 + 26

6 a) 2 5 + 2 9 = 5 4
2 7 + 2 8 = 5 5
2 9 + 2 7 = 5 6
3 1 + 2 6 = 5 7
+ 2   − 1   + 1

b) 87 + 8
77 + 18
67 + 28
57 + 38

c) 87 − 8
77 − 18
67 − 28
57 − 38

d) 50 − 34
48 − 33
46 − 32
44 − 31

e) Finde schöne Päckchen.

7 Jonas ist heute 8 Jahre alt, sein Vater 40 Jahre.
a) Wie viele Jahre ist der Vater älter als Jonas?

b) Wie alt sind beide in 5 Jahren?

c) Wie viele Jahre ist dann der Vater älter als Jonas?

3 Zahlenrätsel von den Kindern erfinden lassen. Die Kinder können die Rätsel mit der Aufgaben mithilfe der Umkehraufgabe lösen.   4 Terme vergleichen und geschickt zur Lösung kommen.   5 Zahlen eines Terms miteinander vergleichen und Rechenvorteile geschickt nutzen. Auf Schreibweise der Gleichungsfolge achten.   7 Lösungen besprechen.

(P, K, A)   → Arbeitsheft, Seite 74   → Förderheft, Seite 71

Rechenwege bei Plusaufgaben beschreiben

1 Wie rechnet ihr 65 + 28? Findet verschiedene Rechenwege.

2 Rechnet geschickt. Beschreibt und begründet euren Rechenweg.

a) 24 + 39

Diese Aufgabe löse ich mit einer Hilfsaufgabe, denn 39 ist ganz nah an 40.

b) 48 + 32
c) 46 + 47
d) 19 + 19
e) 35 + 41
f) 24 + 56
g) 69 + 31

3 Wie rechnen die Kinder? Beschreibt und findet Aufgaben, die ihr ebenso rechnet.

a) 46 + 32

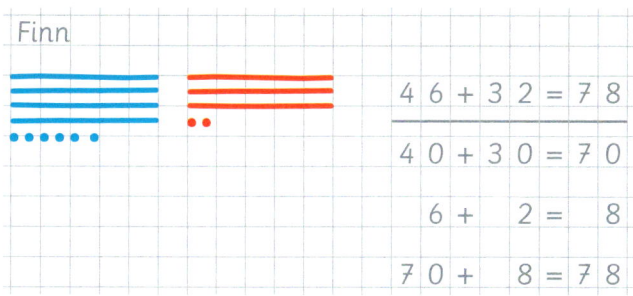

b) 35 + 54

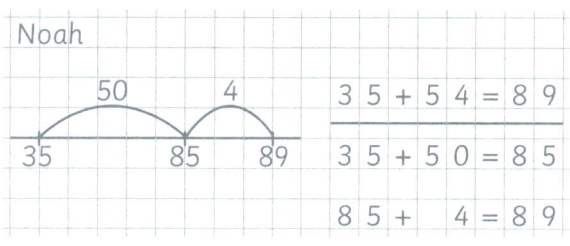

c) 48 + 37

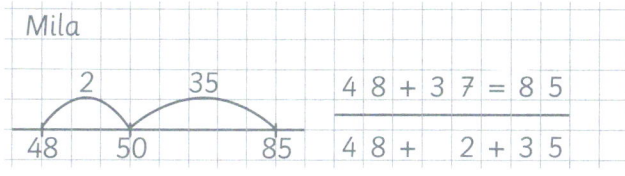

d) 52 + 39

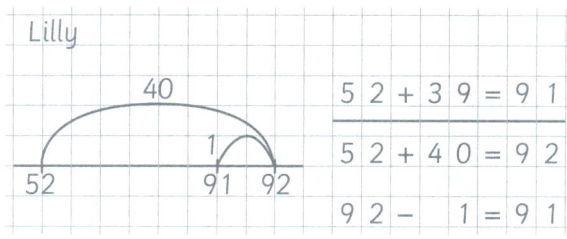

e) 37 + 48

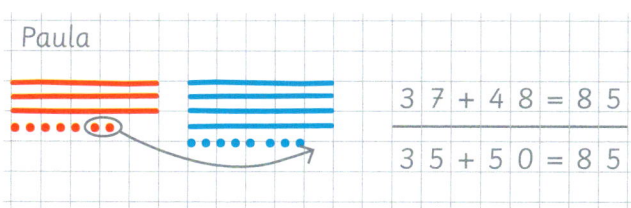

4 Rechenwege beschreiben.

a) Findet möglichst viele passende Aufgaben zu den Lösungswegen.

Noah: „Erst addiere ich 2 bis zum nächsten Zehner, dann noch 15."

Mila: „Ich addiere erst 7 und dann 20."

Leo: „Ich addiere erst 30 und ziehe dann 1 wieder ab."

Metin: „Von der ersten Zahl nehme ich 3 weg und addiere 3 zur zweiten Zahl. Dann habe ich eine ganz einfache Aufgabe."

Eva: „Bei meiner Plusaufgabe addiere ich zu jeder Zahl erst 2 dazu, dann ist sie einfacher. Dann ziehe ich vom Ergebnis 4 wieder ab."

Eric: „Zuerst 20 addieren, dann 9."

b) Beschreibt Rechenwege, die zu vielen Aufgaben passen.
c) Beschreibt Rechenwege, für die es nur eine Aufgabe gibt.

Rechenwege bei Minusaufgaben beschreiben

1 Wie rechnet ihr 65 − 28? Findet verschiedene Rechenwege.

65 − 28

Schrittweise Abziehen: Erst den Zehner subtrahieren
65 − 28 = 37
65 − 20 = 45
45 − 8 = 37

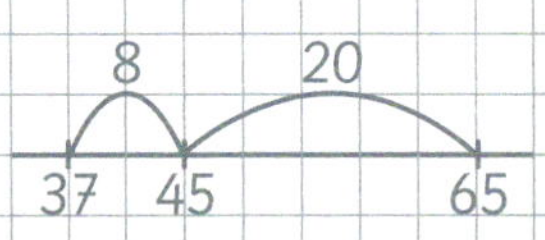

Schrittweise Abziehen: Erst zum Nachbarzehner
65 − 28 = 37
65 − 5 = 60
60 − 23 = 37

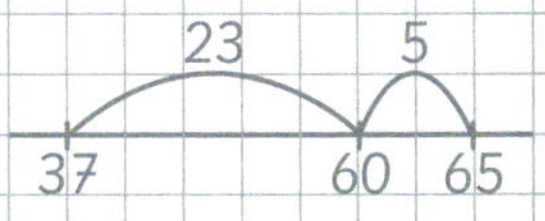

Zehner und Einer extra
65 − 28 = 37
60 − 20 = 40
5 − 8 = −3
40 − 3 = 37

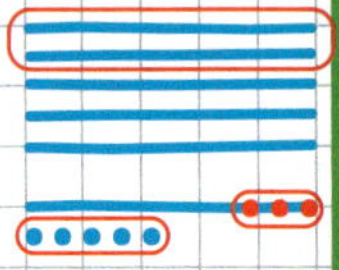

Schrittweise Ergänzen: Erst zum Nachbarzehner
28 + 37 = 65
28 + 2 = 30
30 + 35 = 65
2 + 35 = 37

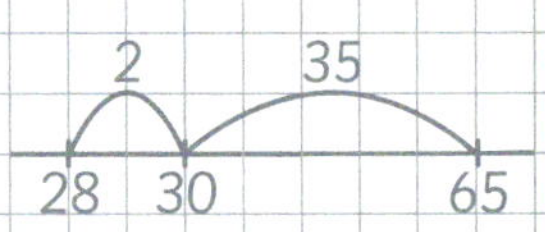

Hilfsaufgabe
65 − 28 = 37
65 − 30 = 35
35 + 2 = 37

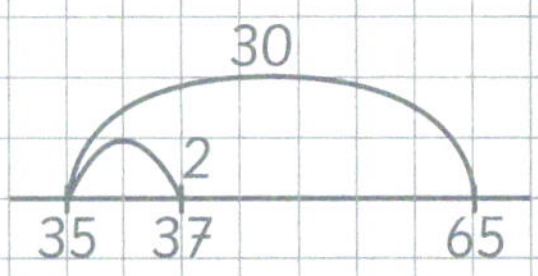

Schrittweise Ergänzen: Erst zum gleichen Einer ergänzen
28 + 37 = 65
28 + 7 = 35
35 + 30 = 65
7 + 30 = 37

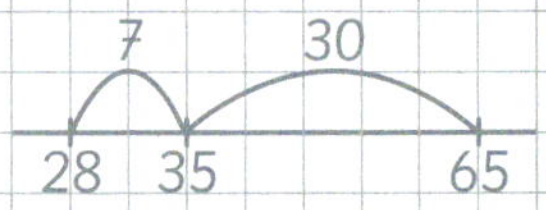

Vereinfachen: Jede Zahl um 2 vergrößern
65 − 28 = 37
67 − 30 = 37

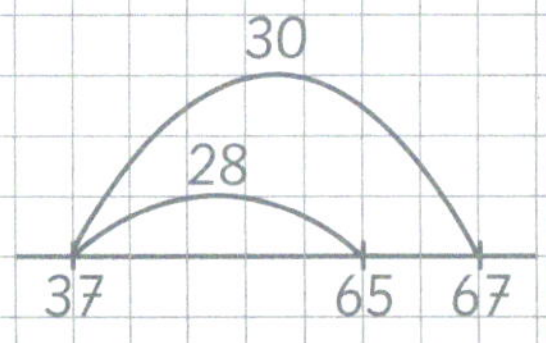

2 Rechnet geschickt. Beschreibt und begründet euren Rechenweg.

a) 44 − 38 
b) 48 − 32
c) 91 − 89
d) 60 − 39
e) 85 − 45
f) 77 − 34
g) 56 − 28

Diese Aufgabe löse ich durch Ergänzen, denn von der 38 bis zur 44 sind es nur 6 Einer-Schritte.

1 Aufgabe auf eigenen Wegen rechnen und im Klassengespräch vergleichen (Mathekonferenz). Mit Rechenwegen der Seite vergleichen, evtl. neue Wege besprechen.   2 Rechenstrategie aufgabenabhängig wählen und Wahl begründen.

(K, D)   → Arbeitsheft, Seite 76   → Förderheft, Seite 73

3 Wie rechnen die Kinder? Beschreibt und findet Aufgaben, die ihr ebenso rechnet.

a) 48 − 21

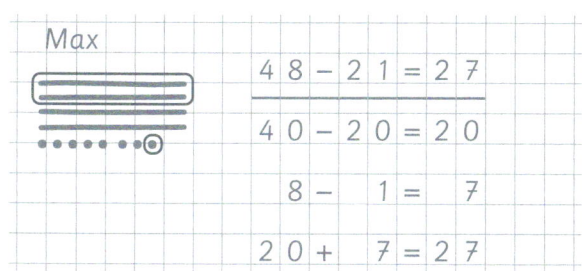

b) 52 − 39

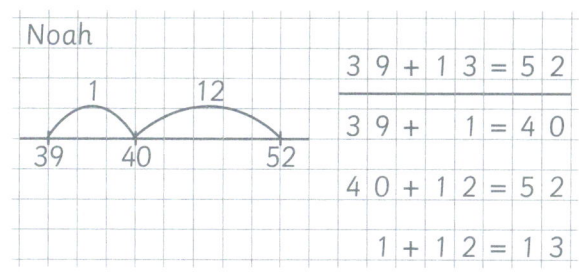

c) 43 − 29

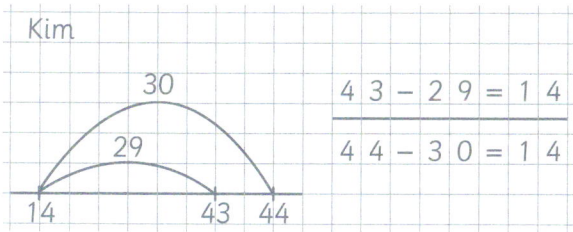

d) 76 − 29

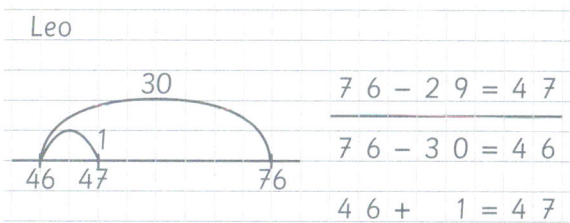

e) 41 − 28

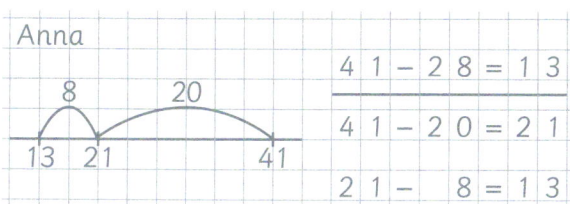

4 Rechenwege beschreiben.

a) Findet möglichst viele passende Aufgaben zu den Lösungswegen.

Anton: Erst ergänze ich 3 bis zum nächsten Zehner, dann noch 15.

Lilly: Ich ziehe erst 2 ab und dann 20.

Ben: Ich subtrahiere erst 30 und addiere dann 1 wieder dazu.

Murat: Zur ersten Zahl und zur zweiten addiere ich 4. Dann habe ich eine ganz einfache Aufgabe.

Finn: Ich rechne einfach 62 minus 30 und addiere dann 7.

Lena: Bei meiner Minusaufgabe erhöhe ich beide Zahlen. Dann rechne ich 50 − 30. Da kommt dasselbe raus.

b) Beschreibt Rechenwege, die zu vielen Aufgaben passen.
c) Beschreibt Rechenwege, für die es nur eine Aufgabe gibt.

3 Rechenstrategie beschreiben, weitere passende Aufgaben finden.   4 Aufgaben finden, die zu den Aufgabenbeschreibungen passen. Darüber reflektieren, wann eine Beschreibung eindeutig nur auf eine Aufgabe passt. Selbst offene Beschreibungen finden, die anderen Kinder suchen nach passenden Aufgaben.

(K, D) → Arbeitsheft, Seite 76 → Förderheft, Seite 73

Rechendreiecke

1 Wie ändern sich die Innenzahlen, wie die Außenzahlen? Erkläre.

a)
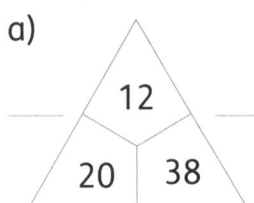 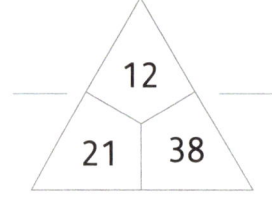 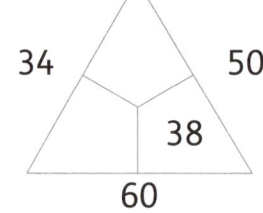 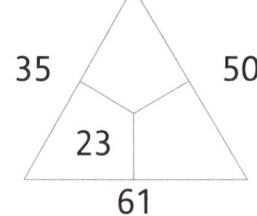

b)
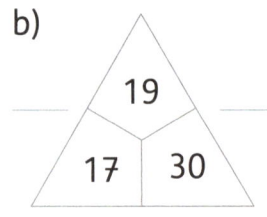 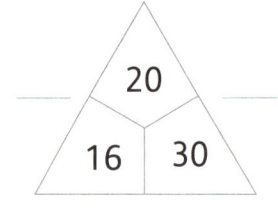 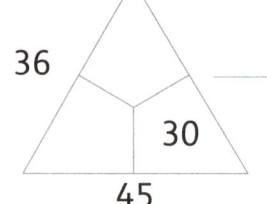 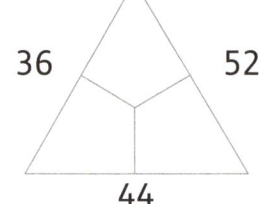

c)
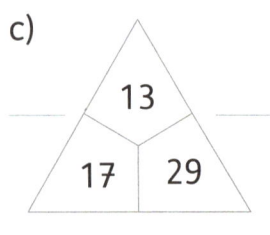 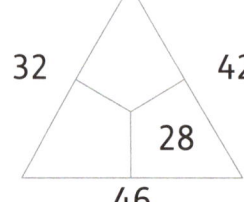 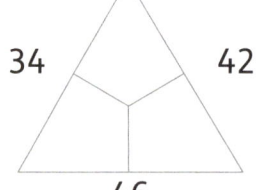 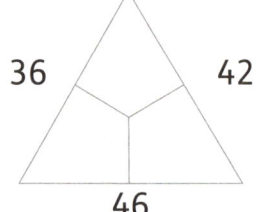

d) Die Innenzahlen ändern sich immer gleich. Finde 4 Rechendreiecke.

2 Finde passende Zahlen. Wie viele Möglichkeiten?

a) 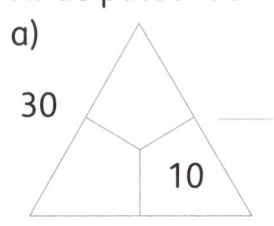   b) 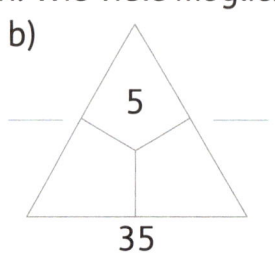   c)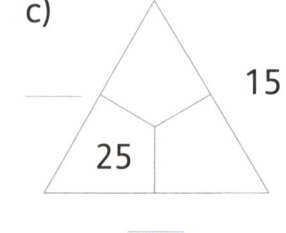

3 Findet das passende Rechendreieck mit den folgenden 6 Zahlen.

a)
5	14	17
19	22	31

b)
18	21	35
39	53	56

c)
3	13	16
16	19	29

4 Findet das passende Rechendreieck mit den folgenden 5 Zahlen. Welche Zahl fehlt?

a)
7	14	21
28	35	?

b)
18	25	39
43	57	?

c)
9	19	28
38	48	?

d) Findet weitere Aufgaben.

5 Wie ändern sich die Außenzahlen? Finde die Innenzahlen.

a)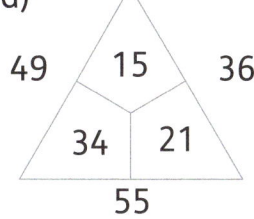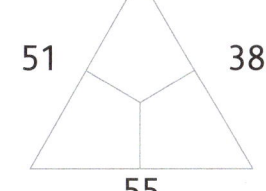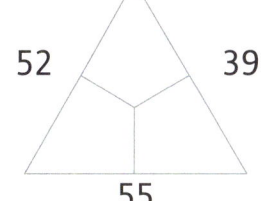

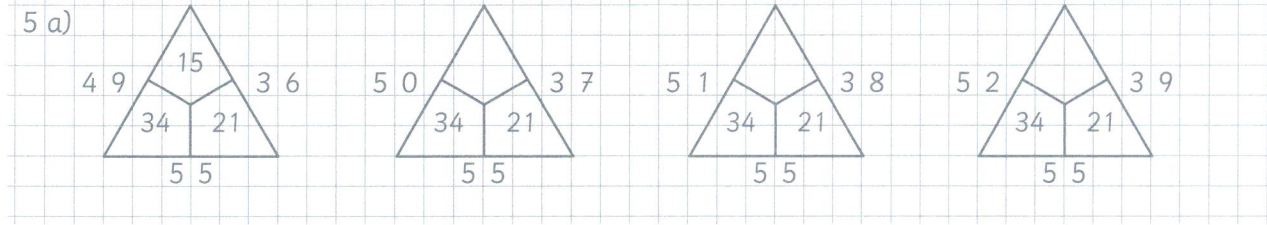

b)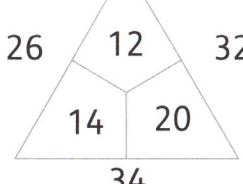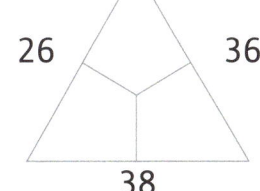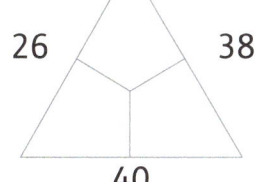

c)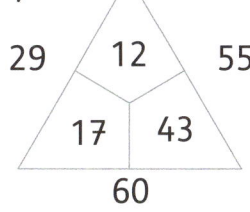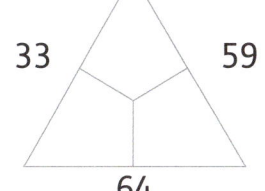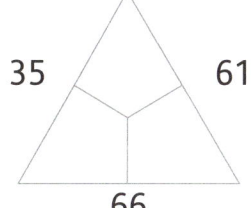

3–5 Operative Beziehungen zwischen Innen- und Außenzahlen zum Problemlösen heranziehen.

(P, K, A, D) → Arbeitsheft, Seite 77 → Förderheft, Seite 74

Gleichungen und Ungleichungen

1 Welche Zahlen passen? Überprüfe mit den Malreihen.

7 passt nicht, denn 7 · 3 ist nicht kleiner als 20.

a) ■ · 3 < 20
■ · 6 < 40

b) ■ · 4 > 25
■ · 8 > 50

c) ■ · 3 > 20
■ · 9 > 60

d) ■ · 6 < 40
■ · 6 > 40

2 Vergleiche. < oder > oder =?

a) 2 · 3 ● 4
3 · 3 ● 8
4 · 3 ● 12
5 · 3 ● 16

b) 16 ● 3 · 5
16 ● 4 · 5
16 ● 4 · 4
16 ● 3 · 3

c) 46 ● 10 · 5
56 ● 8 · 7
66 ● 9 · 7
76 ● 10 · 8

d) 5 · 9 ● 50
4 · 9 ● 40
3 · 9 ● 30
2 · 9 ● 20

3 Vergleiche die Aufgaben. < oder > oder =?

a) 4 · 4 ● 8 · 2
5 · 4 ● 9 · 2
6 · 4 ● 10 · 2
7 · 4 ● 10 · 3

b) 2 · 6 ● 4 · 6
3 · 5 ● 3 · 7
4 · 4 ● 2 · 8
5 · 3 ● 1 · 9

c) 5 · 2 ● 10 · 1
5 · 4 ● 10 · 2
5 · 6 ● 10 · 3
5 · 8 ● 10 · 4

d) 3 · 6 ● 4 · 5
5 · 6 ● 6 · 5
7 · 6 ● 8 · 5
9 · 6 ● 10 · 5

4 Wie heißt die Zahl?

a) Ich denke mir eine Zahl, nehme sie mal 4 und erhalte 20.

b) Ich denke mir eine Zahl. Sie ist kleiner als 30 und gehört zur Neunerreihe und zur Sechserreihe.

c) Ich denke mir eine Zahl aus der Viererreihe. Sie liegt zwischen 30 und 35.

d) Findet weitere Zahlenrätsel.

5 Vergleiche. < oder > oder = ?
a) 24 : 4 ● 5
   20 : 4 ● 5
   16 : 4 ● 3
   12 : 4 ● 3

b) 36 : 9 ● 5
   45 : 9 ● 5
   54 : 9 ● 6
   63 : 9 ● 6

c) 42 : 6 ● 6
   36 : 6 ● 6
   30 : 6 ● 4
   24 : 6 ● 4

d) 16 : 2 ● 9
   18 : 2 ● 9
   20 : 2 ● 11
   22 : 2 ● 11

6 Vergleiche die Aufgaben. < oder > oder = ?
a) 32 : 4 ● 32 : 8
   16 : 4 ● 16 : 2
   12 : 4 ● 12 : 3

b) 10 : 2 ● 20 : 2
   10 : 10 ● 20 : 10
   10 : 5 ● 20 : 5

c) 25 : 5 ● 30 : 5
   45 : 9 ● 35 : 7
   35 : 7 ● 40 : 8

d) 24 : 8 ● 24 : 6
   21 : 7 ● 28 : 7
   18 : 6 ● 24 : 8

e) 70 : 10 ● 35 : 5
   60 : 10 ● 30 : 6
   50 : 10 ● 25 : 5

f) 35 : 5 ● 36 : 6
   25 : 5 ● 24 : 4
   15 : 5 ● 16 : 8

g) 50 : 5 ● 60 : 6
   40 : 8 ● 30 : 6
   20 : 4 ● 15 : 3

h) 12 : 4 ● 24 : 8
   81 : 9 ● 72 : 9
   80 : 8 ● 81 : 9

7 Aufgabenpaare. Was fällt dir auf? Begründe.
a) 20 : 4
   20 : 2

b) 12 : 6
   12 : 3

c) 32 : 8
   32 : 4

d) 40 : 10
   40 : 5

e) 30 : 6
   30 : 3

f) 16 : 8
   16 : 4

g) Finde weitere Aufgabenpaare.

8 Finde immer eine passende Zahl.
a) 12 : ■ = 2
   12 : ■ > 2
   12 : ■ < 2

   8 a) 12 : 6 = 2
        12 : 4 > 2
        12 : 12 < 2

b) 16 : ■ = 4
   16 : ■ > 4
   16 : ■ < 4

c) 20 : ■ = 4
   20 : ■ > 4
   20 : ■ < 4

d) 24 : ■ = 6
   24 : ■ > 6
   24 : ■ < 6

e) 30 : ■ = 6
   30 : ■ > 6
   30 : ■ < 6

f) Finde weitere Aufgaben und vergleiche.

9 Wie heißt die Zahl?
a) Ich denke mir eine Zahl, teile sie durch 2 und erhalte 5.

b) Ich denke mir eine Zahl, nehme sie mit 5 mal und erhalte 30.

c) Ich denke mir die Zahl 45, teile sie durch eine Zahl und erhalte 9.

d) Findet weitere Zahlenrätsel.

5, 6 Divisionsaufgaben mit Ergebnissen und mit anderen Divisionsaufgaben vergleichen. Beziehungen zwischen den Aufgaben beschreiben und nutzen.   7 Aufgabenpaare vergleichen und erklären, warum die Ergebnisse immer halbiert werden.   8 Passenden Divisor einsetzen.   9 Rätsel gegenseitig stellen und lösen. Lösungsweg darstellen.

■ (P, K)   → Arbeitsheft, Seite 78   → Förderheft, Seite 75

Teilen mit Rest

6 Dreier
2 Kinder bleiben übrig.

20 = 6 · 3 + 2
20 : 3 = 6 Rest 2

1 Zerlege immer 26 Plättchen in gleiche Gruppen.
a) Vierer b) Sechser c) Achter d) Fünfer

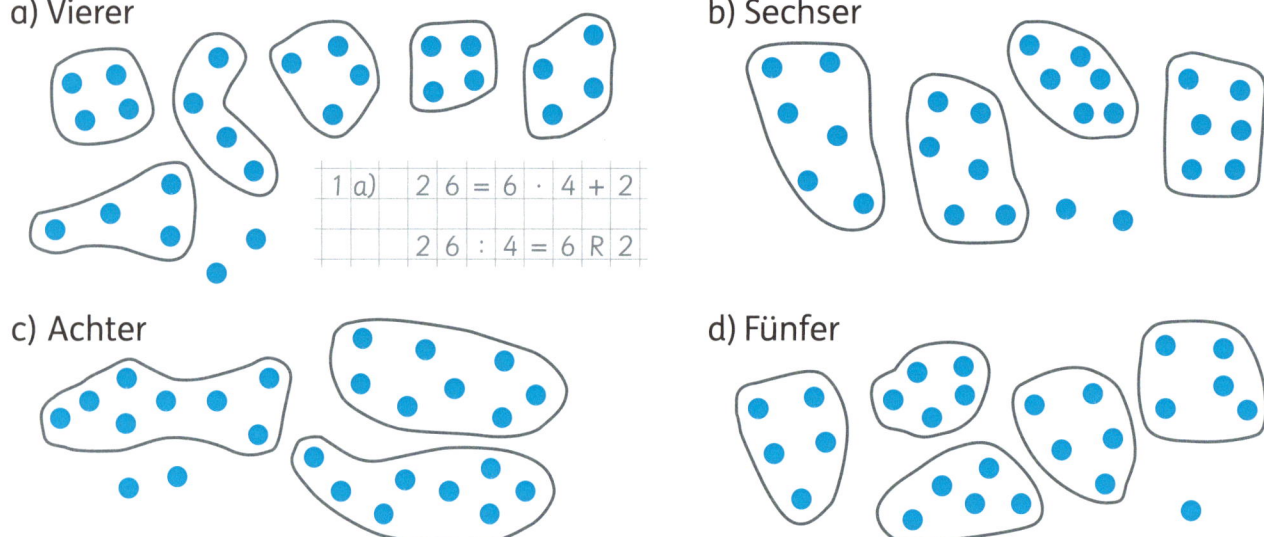

1 a) 26 = 6 · 4 + 2
    26 : 4 = 6 R 2

2 Zerlege immer 20 (28, 30) Plättchen in gleiche Gruppen.
a) Vierer   b) Fünfer   c) Sechser   d) Siebener
Schreibe immer zwei Aufgaben.

3 Schreibe immer zwei Aufgaben.

3 a) 17 = 3 · 5 + 2
    17 : 5 = 3 R 2

„Atom"-Spiel im Schulhof oder in der Halle spielen, aus der Zerlegungsform die Restschreibweise ableiten.   **1** Zerlegungen aus den Zeichnungen ablesen. Kurzschreibweise „R" für „Rest" einführen.   **2** Mit Plättchen oder zeichnerisch lösen (KV).   **3** Zu jeder Darstellung zwei Aufgaben aufschreiben.

(K, D)   → Arbeitsheft, Seite 79

4 Lege immer ein Plättchen dazu. Wie verändert sich der Rest? Erkläre.

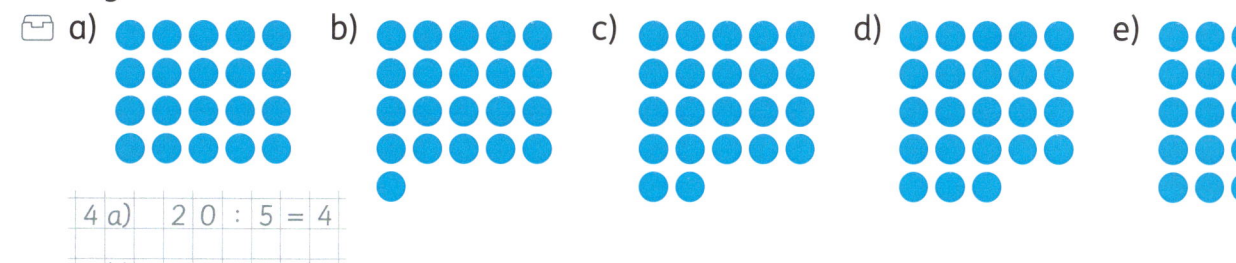

```
4 a)   20 : 5 = 4
  b)   21 : 5 =
```

5 Setze fort.

a) 8 : 2
9 : 2
10 : 2
11 : 2
12 : 2

```
5 a)   8 : 2 = 4
       9 : 2 = 4 R 1
```

b) 12 : 3
13 : 3
14 : 3
15 : 3
16 : 3

c) 24 : 4
25 : 4
26 : 4
27 : 4
28 : 4

d) 15 : 5
16 : 5
17 : 5
18 : 5
19 : 5

6 a) 16 : 2
16 : 3
16 : 4
16 : 5

b) 15 : 3
15 : 4
15 : 5
15 : 6

c) 20 : 4
20 : 5
20 : 6
20 : 7

d) 40 : 4
40 : 5
40 : 6
40 : 7

e) 18 : 6
18 : 7
18 : 8
18 : 9

f) 28 : 7
28 : 8
28 : 9
28 : 10

7 Finde Geteiltaufgaben mit

a) Rest 1
b) Rest 2
c) Rest 5
d) Rest 9

```
7 a)   Rest 1                b)   Rest 2
       9 : 4 = 2 R 1              14 : 3 = 4 R 2
```

8 Was passiert mit dem Rest? Rechne und erzähle.

a) Die Oma gibt 30 € an Lara, Ole, Ben und Tim.
Die 4 Kinder teilen sich das Geld. ?

b) Henry hat zum Geburtstag 7 Freunde eingeladen.
Die Mutter hat 12 Muffins für die Kinder gebacken. ?

c) In der Turnhalle liegen 23 Bälle.
Immer 5 Bälle gehören in ein Netz. ?

d) 45 Kinder zelten gemeinsam.
In ein Zelt passen 8 Kinder. ?

e) Erfinde Rechengeschichten.

Zahlenmauern

"Die Zahlen sind ja aus der Viererreihe."

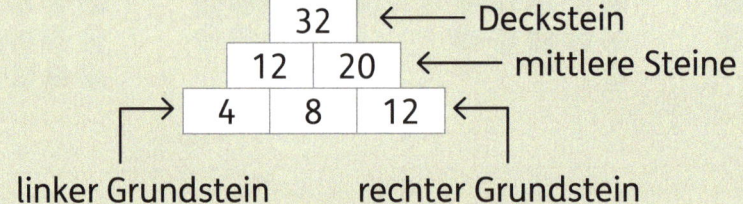

 "Und auch aus der Zweierreihe."

1 a) 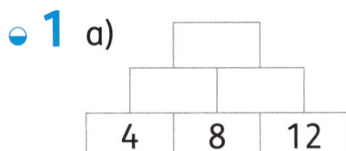 b) 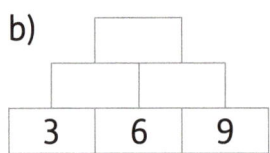 c) 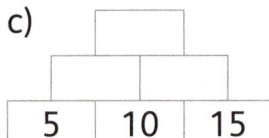 d)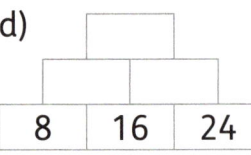

e) 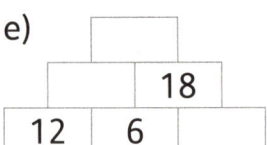 f) 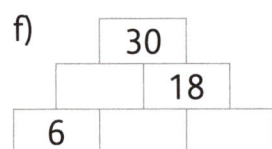 g) 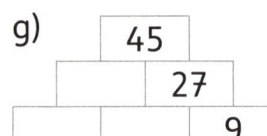 h)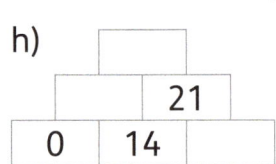

i) Finde Zahlenmauern zu Malreihen.

2 Vergleiche und beschreibe.

a)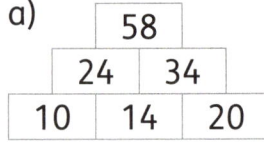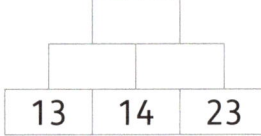

b)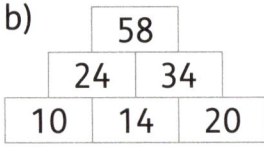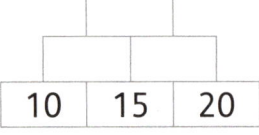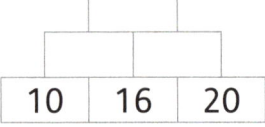

c)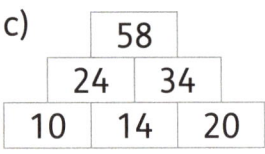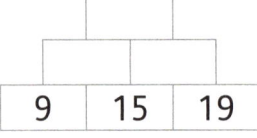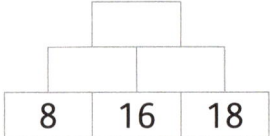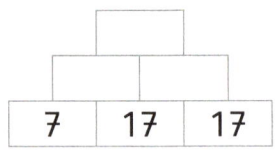

d)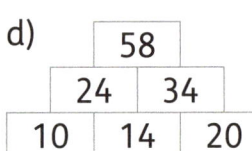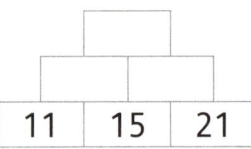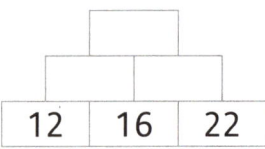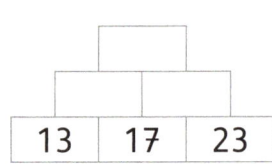

● 3 Finde geschickt eine Lösung. Erkläre.

a)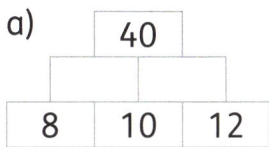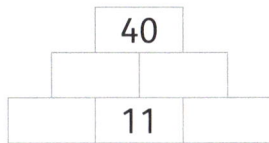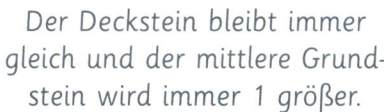

b)

Der Deckstein bleibt immer gleich und der mittlere Grundstein wird immer 1 größer.

● 4 Finde geschickt eine Lösung. Erkläre.

a)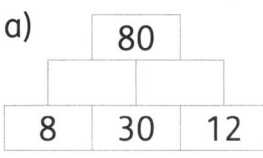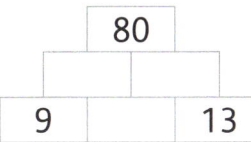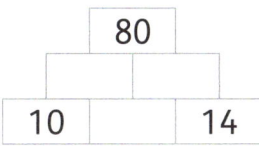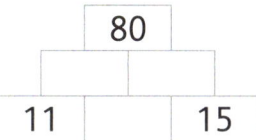

b)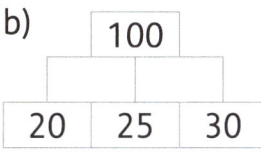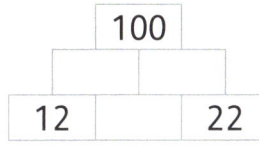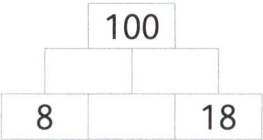

c)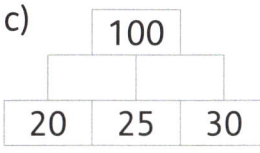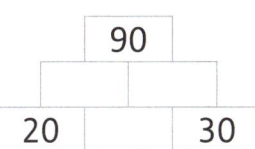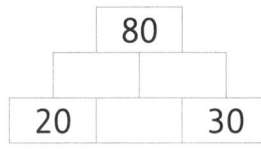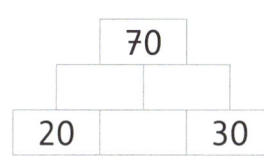

● 5 Vergleiche und beschreibe.

a)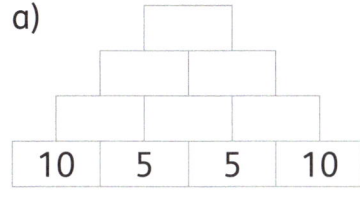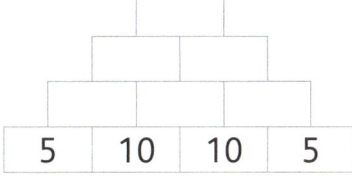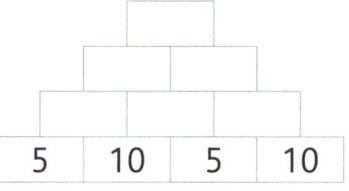

b)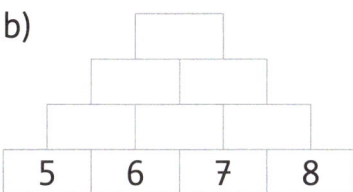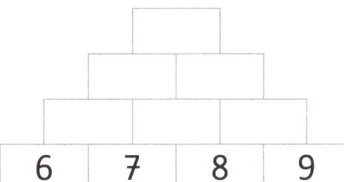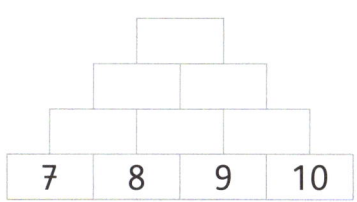

3, 4 Die Zahlenmauern mithilfe der Erkenntnisse über die Bedeutung der einzelnen Grundsteine geschickt lösen (ebenso ist geschicktes Probieren mit ausgewählten Zahlen denkbar, evtl. KV verwenden). 5 4-stöckige Zahlenmauern lösen.

■ (P, K, A) → Arbeitsheft, Seite 80 → Förderheft, Seite 76

Rückblick

Ich kann Aufgaben vergleichen, einfache Aufgaben zum Rechnen nutzen und Zahlen mit und ohne Rest teilen.

1 < oder > oder =? Vergleiche und erkläre.
- a) 22 + 17 ◯ 40
  41 + 19 ◯ 60
- b) 29 + 37 ◯ 30 + 38
  34 + 25 ◯ 35 + 24
- c) 31 − 19 ◯ 10
  41 − 18 ◯ 20
- d) 56 − 25 ◯ 50 − 20
  72 − 34 ◯ 74 − 32
- e) 3 · 3 ◯ 10
  2 · 9 ◯ 20
- f) 5 · 5 ◯ 20 + 4
  4 · 4 ◯ 20 − 4
- g) 24 : 4 ◯ 5
  36 : 9 ◯ 5
- h) 40 : 8 ◯ 20 : 4
  45 : 9 ◯ 45 : 5

2 Welche Zahlen passen? Schreibe auf. 0 1 2 3 4 5 6 7 8 9 10
- a) ■ · 2 < 10
  ■ · 8 < 40
- b) ■ · 5 > 25
  ■ · 10 > 50
- c) ■ · 7 < 25
  ■ · 7 > 25
- d) ■ · 3 < 15
  ■ · 6 > 30

3 Teilen mit Rest.
- a) 12 : 2
  13 : 2
  14 : 2
  15 : 2
  16 : 2
- b) 12 : 3
  13 : 3
  14 : 3
  15 : 3
  16 : 3
- c) 20 : 4
  21 : 4
  22 : 4
  23 : 4
  24 : 4
- d) 20 : 5
  21 : 5
  22 : 5
  23 : 5
  24 : 5
- e) 35 : 6
  36 : 6
  37 : 6
  38 : 6
  39 : 6
- f) 35 : 7
  36 : 7
  37 : 7
  38 : 7
  39 : 7

4 a) 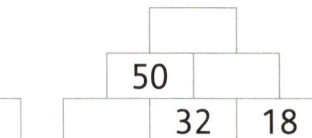 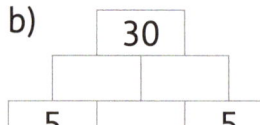 b)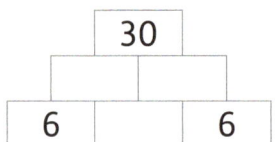

5 a) 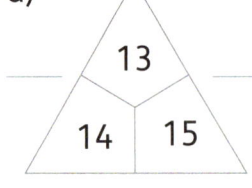 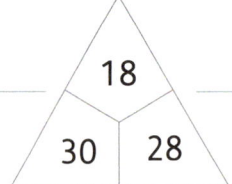 b)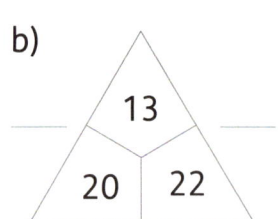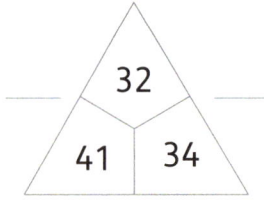

1–5 Wesentliche Aspekte des Kapitels noch einmal reflektieren.

(D) → Arbeitsheft, Seite 81 → Förderheft, Seite 77

Forschen und Finden: Zahlenmuster

1 Dreieckszahlen.

1. 2. 3. 4.

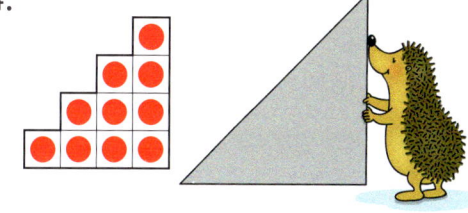

a) Setzt fort. Zeichnet die nächsten Dreieckszahlen.

b) Rechnet. Wie viele Punkte hat jede Dreieckszahl?

2 1. 2. 3. 4.

a) Setzt fort. Zeichnet die nächsten Treppenzahlen.

b) Rechnet. Wie viele Punkte hat jede Treppenzahl? Was fällt euch auf?

c) Vergleicht die Zahlen mit den Dreieckszahlen. Was fällt euch auf?

3 Addiert immer benachbarte Dreieckszahlen. Was fällt euch auf?

1 + 3	15 + 21
3 + 6	21 + 28
6 + 10	28 + 36
10 + 15	36 + 45

4 Rechnet mit Dreieckszahlen und vergleicht.

a) 1 + 1
   1 · 2

b) 3 + 3
   2 · 3

c) 6 + 6
   3 · 4

d) 10 + 10
   ___ · ___

e) 15 + 15
   ___ · ___

f) ___ + ___
   6 · 7

Das ist das Gleiche wie 3 · 4.

6 + 6

1 Struktur der Dreieckszahlen besprechen. Anzahlen zeichnerisch und rechnerisch bestimmen und vergleichen (KV).
2 Beziehungen zu benachbarten Dreieckszahlen entdecken und erklären.   3 Beziehung zu Quadratzahlen mit Material begründen.   4 Zwei Dreieckszahlen zusammenlegen (KV), additiv und multiplikativ bestimmen und vergleichen.

(P, K, A, D) → Arbeitsheft, Seite 82 → Förderheft, Seite 78

Maße bei Tieren

Störche

120 cm groß

Störche fliegen am Tag etwa 200 – 300 km.

Zugvögel fliegen im Herbst nach Spanien oder Afrika und kommen im Frühling zurück. Etwa 4500 km!

Glücksbringer Klapperstorch

Ein Ei wiegt 110 g und ist 7 cm lang.

Flügelspannweite 2 Meter!

Nest (Horst) 1,5 m Durchmesser

3 – 5 Eier

32 Tage Brutzeit. 9 – 11 Wochen bleiben die Jungen im Nest.

Gefahren: Strommasten, Drähte, Autos, Müll, wenig Nahrung

Ein Storch frisst am Tag zum Beispiel 10 – 15 Mäuse, 40 – 50 Regenwürmer und 70 Käfer.

Umweltschützer pflegen die Horste, beringen die Jungvögel und helfen verletzten Störchen.

1 Lest die Informationen zu den Störchen.
a) Wie viele Tage lang kümmern sich die Storcheneltern um ihre Jungen?
b) Wie viele Mäuse fressen die Störche ungefähr in einer Woche?
c) Vergleicht die Flügelspannweite der Störche und eure Armspannweite. Was ist länger?
d) Finde weitere Fragen.

2 Berechnet die Anzahl der Paare und Jungstörche. Vergleicht und beschreibt.

Brutplatz	Anzahl der Storchenpaare	Anzahl der Jungstörche
Ubstadt	1	1
Forst	36	66
Karlsruhe	1	0
Neuburgweier	1	3
Liedolsheim	2	6
Oberhausen	16	27

Weißstörche im Rheintal bei Karlsruhe 2016

1 Informationen zu ‚Störchen' lesen, Aufgaben darstellen (z. B. Nest auf dem Schulhof bauen oder mit Kreide aufmalen). Fragen beantworten, Skizzen als Bearbeitungshilfe nutzen, eigene Fragen formulieren, Zahlensätze finden, eigene Informationen zu Störchen sammeln, Kartei für die Freiarbeit erstellen   **2** Gesamtanzahl berechnen und vergleichen.

(K, A, M, D)

Igel

- Leben am Waldrand, in Hecken, in Laubhaufen, im Unterholz
- Winterschlaf von November bis April
- 35 Tage Tragzeit, 4–5 Igelkinder
- bis 30 cm groß
- bis 1 kg schwer
- Rollen sich bei Gefahr zusammen
- trinken 42 Tage die Milch der Mutter
- Igelbaby hat 100 Stacheln
- **Igel fressen:** Schnecken, Regenwürmer, Spinnen
- **Gefahren:** Autos, Dachs, Uhu
- Im Alter von 4 Wochen verlassen die Igel zum ersten Mal das Nest.
- 8000 Stacheln, jede ist 3 cm lang.
- Sind nachts auf Futtersuche, können bis zu 10 g zunehmen
- Schwache und kranke Igel werden in einer Igelstation betreut.

3 Lest die Informationen zum Igel.

a) Wie viele Monate macht der Igel Winterschlaf?

b) Nach wie vielen Tagen verlassen die Jungen das Nest zum ersten Mal?

c) Vergleicht die Länge des Igels mit der Länge eurer Füße. Was ist größer?

d) Findet weitere Fragen.

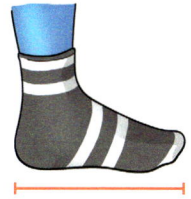

4 Der Igel hält Winterschlaf. Der Körper verändert sich. Berechne die Unterschiede.

	Igel		Kind
	Winterschlaf	sonstige Zeit	
Körpertemperatur (ungefähr)	5 Grad	36 Grad	37 Grad
Herzschlag (ungefähr)	7 mal in 30 Sekunden	100 mal in 30 Sekunden	50 mal in 30 Sekunden
Atmung (ungefähr)	2 mal in 30 Sekunden	25 mal in 30 Sekunden	15 mal in 30 Sekunden

5 Wählt ein Tier. Sucht nach interessanten Zahlen. Erstellt ein Plakat. Findet Fragen und rechnet.

Maße am Körper

"Ich bin 1m 20 cm groß. Das sind 120 cm. Also habe ich Kleidergröße 122."

Körpergröße in cm	Kleidergröße
111 – 116	116
117 – 122	122
123 – 128	128
129 – 134	134
135 – 140	140
141 – 146	146
147 – 152	152
153 – 158	158
159 – 164	164

1 a) Ina ist 1m 37 cm groß. Welche Kleidergröße hat sie?

b) Ihre Freundin Paula ist 3 cm kleiner als Ina. Welche Kleidergröße hat sie?

c) Vor einem Jahr war Leo 1 m 25 cm groß. Er ist 7 cm gewachsen. Welche Kleidergröße hat er jetzt?

2

Name	Kleidergröße
Anna	134
Anton	134
Ben	140
Eric	134
Esra	128
Eva	122
Finn	128
Ina	140
Kim	122
Leo	134

Name	Kleidergröße
Lilly	134
Marta	128
Max	128
Metin	134
Mila	122
Murat	128
Noah	140
Paula	134
Sophie	134
Till	146

Strichliste

Kleidergröße	Anzahl der Kinder
1 2 2	III
1 2 8	IIII
1 3 4	IIII III
1 4 0	III
1 4 6	I

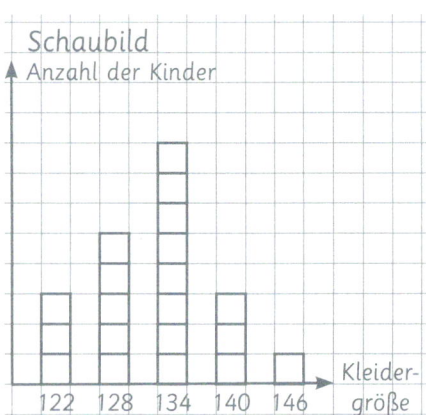

a) Wie viele Kinder sind in der Klasse?

b) Welche Kleidergröße hat Lilly?

c) Wie viele Kinder haben Kleidergröße 128?

d) Welche Kleidergröße kommt am häufigsten vor?

e) Finde weitere Fragen.

3 Untersucht in eurer Klasse die Verteilung der Kleidergrößen. Erstellt dazu eine Tabelle, eine Strichliste und ein Schaubild.

4 a) Welche Schuhgröße hast du?

b) Kims Fuß ist 19 cm lang. Welche Schuhgröße hat sie?

c) Die Füße von Sophie sind 3 cm größer als die Füße von Kim. Welche Schuhgröße hat sie?

d) Ben hatte vor einem Jahr Schuhgröße 34. Jetzt hat er 36. Um wie viele cm ist sein Fuß gewachsen?

Mein Fuß ist größer als 20 cm, aber kleiner als 21 cm. Also habe ich Schuhgröße 33.

Fußlänge in cm	18		19	20		21	22	23
Schuhgröße	29	30	31	32	33	34	35	36

5 Verteilung der Schuhgrößen in einer Klasse.

Anna	34
Anton	33
Ben	36
Eric	35

Esra	33
Eva	31
Finn	33
Ina	36

Kim	31
Leo	35
Lilly	34
Marta	32

Max	32
Metin	35
Mila	29
Murat	33

Noah	36
Paula	34
Sophie	35
Till	37

a) Erstellt zu der Tabelle eine Strichliste und ein Schaubild.

b) Untersucht in eurer Klasse die Verteilung der Schuhgrößen. Erstellt dazu eine Tabelle, eine Strichliste und ein Schaubild.

6 a) Einige Kinder vergleichen ihre Kleidergrößen und Schuhgrößen. Was fällt euch auf? Erklärt.

b) Vergleicht eure Schuhgrößen mit den Kleidergrößen.

	Till	146
Ina	Ben	140
Eric	Anton	134
Lilly	Leo	
Max	Esra	128

37	Till	
36	Ben	Ina
35	Eric	Leo
34	Lilly	
33	Anton	Esra
32	Max	
31		

Tagesablauf: Stunden und Minuten

Der Stundenzeiger stehen in der Mitte zwischen 9 und 10.

Es ist 9 Uhr 30.

Es ist halb 10.

Eine Stunde hat 60 Minuten.
1 h = 60 min

Eine halbe Stunde hat 30 Minuten,
Eine viertel Stunde hat 15 Minuten.

1 Welche Uhrzeiten kennst du schon? Stelle sie an der Lernuhr ein. Schreibe sie auf.

2 Beschreibe Lisas Tag. Wie spät ist es jeweils?

a)
b)
c)
d)
e)
f)
g)
h)

3 Beschreibe deinen Tagesablauf.

Um 6.30 Uhr stehe ich auf.
Um 7.30 Uhr gehe ich zum Bus.

1 Besondere Uhrzeiten im eigenen Tagesablauf an der Lernuhr einstellen und dazu erzählen (KV). 2 Lisas Tagesablauf beschreiben. Uhrzeiten ablesen und notieren. 3 Den eigenen Tagesablauf beschreiben. Die für die Kinder besonderen Zeitpunkte im Tagesablauf gemeinsam an der Tafel sammeln.

(K, D) → Arbeitsheft, Seite 84 → Förderheft, Seite 79

4 Wie spät ist es?

a)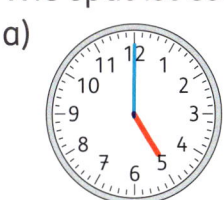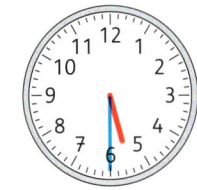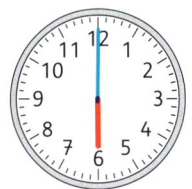

4 a) 1 7 . 0 0 Uhr

b)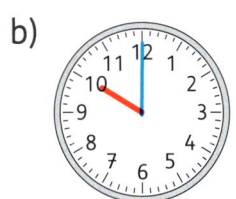

c)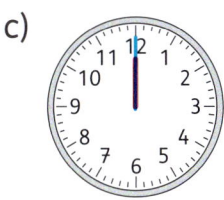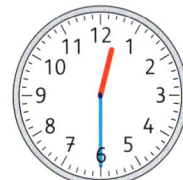

d) Stelle die Uhr. Schreibe die Uhrzeiten auf.

5 Welche Uhrzeiten gehören zusammen?

a) 9:30   b) 12:15   c) 16:45   d) 15:15   e) 21:30

1) 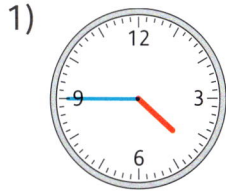 2) 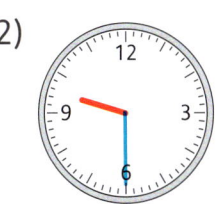 3) 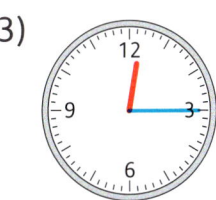 4) 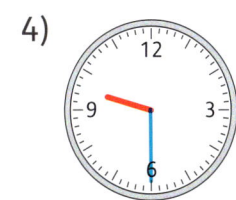 5)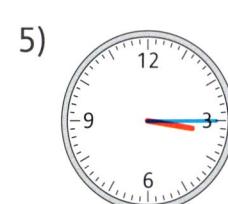

6 Wie viele Minuten sind seit der vollen Stunde vergangen?

a) 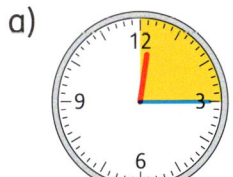   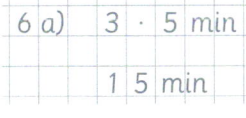   b)    c)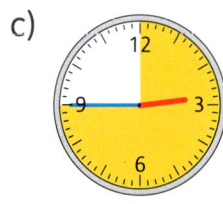

d)    e) 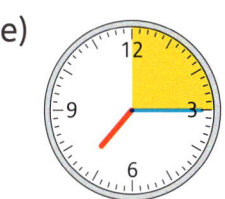   f)    g)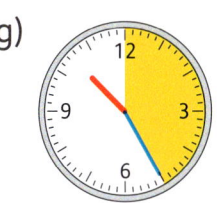

4 Uhrzeiten ablesen. Abfolge nutzen, um die nächste Uhrzeit abzulesen. (KV)   5 Analoge und digitale Uhrzeiten miteinander vergleichen.   6 Verstrichene Minuten ablesen. Dabei werden auch Zeitspannen größer oder kleiner als 15 Minuten thematisiert.

Zeitspannen: Uhrzeiten und Kalender

Öffnungzeiten

Montag: geschlossen
Dienstag: 7.00 Uhr – 19.00 Uhr
Mittwoch: 9.00 Uhr – 20.00 Uhr
Donnerstag: 7.00 Uhr – 19.00 Uhr
Freitag: 10.00 Uhr – 21.00 Uhr
Samstag: 10.30 Uhr – 22.00 Uhr
Sonntag: 10.30 Uhr – 22.00 Uhr

In den Schulferien auch montags
von 9.00 – 20.00 Uhr geöffnet.

Geburtstagsfeiern an den Öffnungstagen
von 15.30 Uhr – 19.00 Uhr möglich.

Eintritt

3 € Kinder
6 € Erwachsene
4 € Kurzschwimmer (90 min)

1 Wie viele Stunden hat das Schwimmbad jeden Tag geöffnet?

1) Montag: 0 Stunden
Dienstag: 12 Stunden

12 Stunden
7.00 Uhr — 19.00 Uhr

Mittwoch:

2 a) Paula geht am Freitag um 17.00 Uhr ins Schwimmbad.
Wie lange kann sie noch bleiben?

2 a)
4 Stunden
17.00 Uhr — 21.00 Uhr

b) Ali geht am Samstag um 15.00 Uhr ins Schwimmbad.
Er kauft eine Kurzschwimmerkarte.
Wann muss er spätestens das Schwimmbad verlassen?

c) Eva verlässt um 17.30 Uhr das Schwimmbad. Sie hatte eine Kurzschwimmerkarte.
Wann hat sie das Schwimmbad frühestens betreten?

d) Leo will seinen Geburtstag im Schwimmbad feiern.
Wie viele Stunden kann er seinen Geburtstag im Schwimmbad feiern?

e) Finn geht in den Ferien montags schwimmen.
Er kommt um 8.30 Uhr am Schwimmbad an.
Wie lang muss er warten, bis das Schwimmbad öffnet?

3 Finde Aufgaben. Rechne mit Zeitangaben.

138

1 Öffnungszeiten ablesen und Öffnungsdauer berechnen. Ggf. mit anderen Öffnungszeiten (heimisches Schwimmbad, Bücherei etc.) vergleichen. 2 Aufgaben mithilfe des Rechenstrichs lösen. Gemeinsam die Darstellungen und Lösungswege besprechen. 3 Eigene Aufgaben finden. Gemeinsam vergleichen.

(P, D, M) → Arbeitsheft, Seite 85

4 Wie viele Tage haben die Monate?
1. Monat: Januar, 31 Tage
2. Monat: Februar, ___
3. Monat: ___

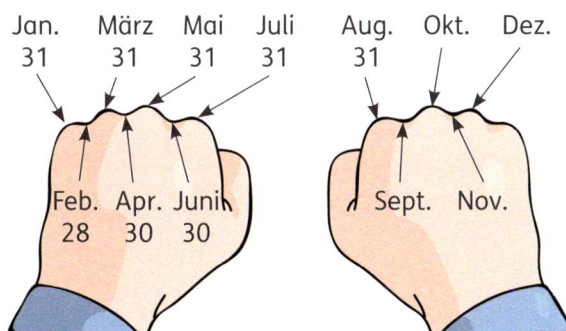

Kalender 2019

	Januar	Februar	März
Mo	7 14 21 28	4 11 18 25	4 11 18 25
Di	1 8 15 22 29	5 12 19 26	5 12 19 26
Mi	2 9 16 23 30	6 13 20 27	6 13 20 27
Do	3 10 17 24 31	7 14 21 28	7 14 21 28
Fr	4 11 18 25	1 8 15 22	1 8 15 22 29
Sa	5 12 19 26	2 9 16 23	2 9 16 23 30
So	6 13 20 27	3 10 17 24	3 10 17 24 31
	April	Mai	Juni
Mo	1 8 15 22 29	6 13 20 27	3 10 17 24
Di	2 9 16 23 30	7 14 21 28	4 11 18 25
Mi	3 10 17 24	1 8 15 22 29	5 12 19 26
Do	4 11 18 25	2 9 16 23 30	6 13 20 27
Fr	5 12 19 26	3 10 17 24 31	7 14 21 28
Sa	6 13 20 27	4 11 18 25	1 8 15 22 29
So	7 14 21 28	5 12 19 26	2 9 16 23 30
	Juli	August	September
Mo	1 8 15 22 29	5 12 19 26	2 9 16 23 30
Di	2 9 16 23 30	6 13 20 27	3 10 17 24
Mi	3 10 17 24 31	7 14 21 28	4 11 18 25
Do	4 11 18 25	1 8 15 22 29	5 12 19 26
Fr	5 12 19 26	2 9 16 23 30	6 13 20 27
Sa	6 13 20 27	3 10 17 24 31	7 14 21 28
So	7 14 21 28	4 11 18 25	1 8 15 22 29
	Oktober	November	Dezember
Mo	7 14 21 28	4 11 18 25	2 9 16 23 30
Di	1 8 15 22 29	5 12 19 26	3 10 17 24 31
Mi	2 9 16 23 30	6 13 20 27	4 11 18 25
Do	3 10 17 24 31	7 14 21 28	5 12 19 26
Fr	4 11 18 25	1 8 15 22 29	6 13 20 27
Sa	5 12 19 26	2 9 16 23 30	7 14 21 28
So	6 13 20 27	3 10 17 24	1 8 15 22 29

Neujahr 1. Januar, Karfreitag 19. April, Ostern 20./21. April, Maifeiertag 1. Mai, Christi Himmelfahrt 30. Mai, Pfingsten 09./10. Juni, Fronleichnam 20. Juni, Tag der Deutschen Einheit 3. Oktober, Allerheiligen 1. November, Weihnachten 25./26. Dezember

5 Welcher Wochentag?
a) 31. Januar   *5 a) 31. Januar: Donnerstag*
b) 14. Mai   c) 22. Juli
d) 3. Oktober   e) 24. Dezember

6 a) An welchem Wochentag hat Leo Geburtstag?
b) Leo feiert seinen Geburtstag am folgenden Samstag. Welches Datum ist das?

Ich habe am 1. Juli Geburtstag. Ich feiere im Schwimmbad.

Leo

7 Lilly hat am 13. August Geburtstag. Sie feiert ihren Geburtstag eine Woche später. Welcher Wochentag und welches Datum ist das?

8 a) Wann hast du Geburtstag? Welcher Wochentag ist oder war das in diesem Jahr?
b) Wie lange dauert es bis zu deinem Geburtstag?

9 a) Schreibe die Geburtstage deiner Familie und Freunde auf. An welchen Wochentagen haben oder hatten sie in diesem Jahr Geburtstag?
b) Wer hat von deiner Familie und deinen Freunden als nächstes Geburtstag? Wie lange dauert es noch?

10 a) Heute ist der 11. Juni. Meine kleine Schwester ist heute genau 6 Monate alt. Wann hat sie Geburtstag?

b) Heute ist der 15. April. In einem Monat und 14 Tagen habe ich Geburtstag. Wann ist das?

c) Heute ist der 1. Juli. Vor zwei Monaten und einem Tag hatte ich Geburtstag. Wann war das?

❋ d) Finde Rätsel.

4 Kalender für 2019 besprechen. Monatsnamen und -längen an „Faustregel" besprechen. 5 Datum schreiben. 6 Aufgaben rund um Geburtstage und Datum mithilfe des Kalenders und der linken Schulbuchseite beantworten. 10 Rätsel lösen, eigene Rätsel finden und einem Partner stellen.

(P, K, D, M) → Arbeitsheft, Seite 85

Bald ist Weihnachten

1 Zauberdreiecke. Die Summe der drei Zahlen an jeder Seite ist immer gleich.
  a) Immer 100.

```
4 a)   Immer 100.
       3 0 + 6 0 + 1 0 = 1 0 0
       3 0 + ___ + 2 1 = 1 0 0
       1 0 + ___ + 2 1 = 1 0 0
```

b) Immer 100. c) Immer 100. d) Immer 50. e) Immer 50.

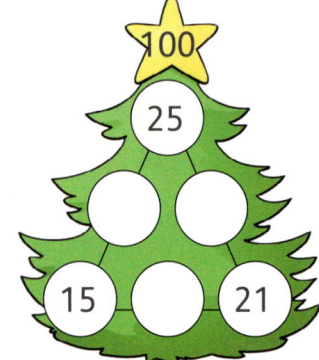 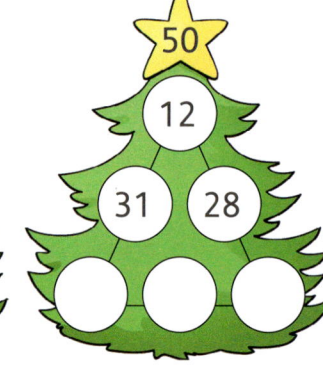 

2 Probiert.
  a)   b)

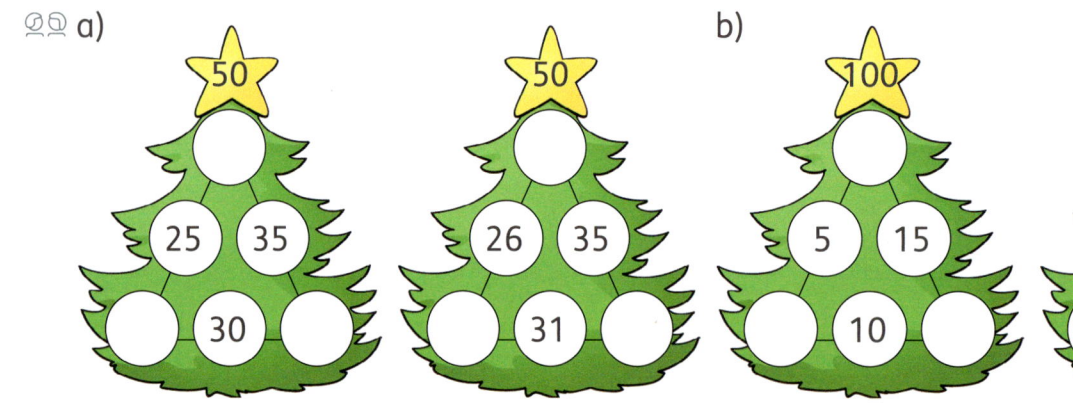 

3 Findet Zauberdreiecke. Immer 100.
  a) 5, 6, 7, 46, 47, 48
  b) 11, 12, 33, 34, 55, 56
  c) 5, 14, 31, 40, 46, 55
  d) Findet weitere passende Zauberdreiecke.

4 Welche Schablone gehört zu welchem Anhänger?

a) 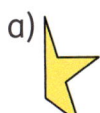   b) 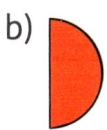   c)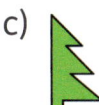

Kugel   Tannenbaum   Stern

5 Der Weihnachtsbaumschmuck.

1. Falte. Ecke auf Ecke und Seite auf Seite.
2. Zeichne einen halben Kreis.
3. Schneide aus.
4. Es entsteht ein Kreis.

 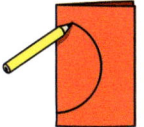 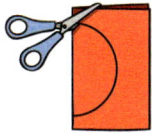 

5. Schneide 8 Kreise.
6. Klebe die Flächen zusammen.
7. Lege ein Band ein.
8. Es entsteht eine Kugel.

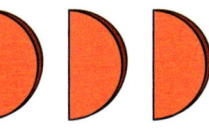 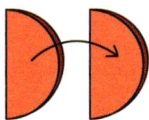 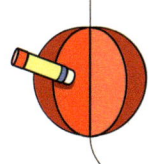 

6 Ein Würfel als Verpackung.

1. Schneide aus.
2. Falte die Kanten.
3. Klebe den Würfel an den Kanten zusammen.
4. Ein Würfel als Verpackung.

  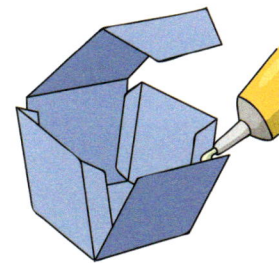 

7 Die Karte.

1. Falte Ecke auf Ecke und Seite auf Seite.
2. Zeichne ein großes Dreieck und viele halbe Kreise.
3. Schneide.
4. Klebe.

 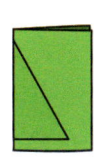 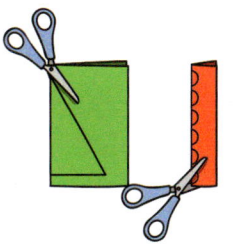 

4, 5 Weihnachtsbaumschmuck nach Anleitung herstellen (KV).   6 Würfel als Verpackung bauen (KV).   7 Karte nach Anleitung herstellen.

(P, K)

Bald ist Ostern

Und schon hoppeln die Hasen
mit Pinseln und Tuben
und schnuppernden Nasen,
aus Höhlen und Gruben
durch Gärten und Straßen
und über den Rasen
in Ställe und Stuben.

Erich Kästner

○ **1** Zeichne, schneide aus und klebe zusammen.

Wie viele verschiedene Ostereier findest du?

● **2** Ordne die Eier am Plan. Erkläre, warum es genau 9 sind.

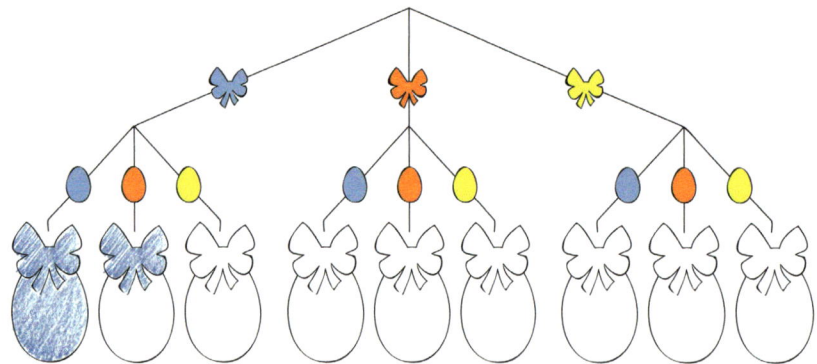

◐ **3** Eine weitere Farbe für die Schleife kommt hinzu.
Wie viele Eier findest du?

1 Verschiedene Schmuckeier probierend finden (KV).   2–3 Anzahl der Schmuckeier mit Baumdiagramm systematisch ermitteln (KV).

(P, K, A, D)   → Arbeitsheft, Seite 87

4 Male verschiedene Hasen. Ohren, Kopf und Körper sind braun oder weiß. Finde alle Möglichkeiten.

Solche Hasen gehören nicht dazu:

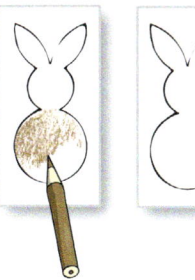 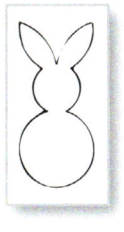 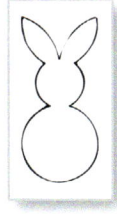 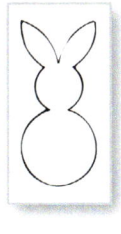  

5 Hasenspiel für zwei Spieler.

Spielmaterial:
8 braun-weiße Hasen
3 Wendeplättchen (braun-weiß)
1 Becher zum Werfen

Anleitung:
Ein Spieler sucht sich vier Hasenkarten aus. Der zweite Spieler nimmt die übrigen. Werft abwechselnd mit drei Plättchen.
Jeder Spieler darf nach seinem Wurf einen Hasen von sich umdrehen, der genauso viele braune und weiße Körperteile hat, wie der Wurf vorgibt. Wer zuerst alle seine Hasen umgedreht hat, der hat gewonnen. Beim nächsten Spiel darf der Verlierer zuerst die Hasen wählen.

„Zwei braune und ein weißes Plättchen. Also darf ich diesen Hasen umdrehen."

Spielt mehrere Runden. Was fällt euch auf?

6 Noah und Mila spielen. Wer hat die größere Chance zu gewinnen? Begründe.

 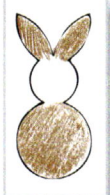   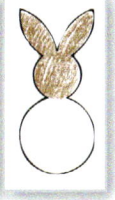  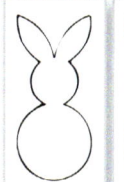   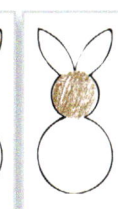

Noah　　　　　　　　　　　　　　　　　　　　　Mila

---

4 Verschiedene Hasen probierend finden (KV). Anschließend auf Vollständigkeit überprüfen. **5** Wendeplättchen bemalen oder bekleben, so dass eine weiße und eine braune Seite entsteht. Hasenspiel spielen. Erklären, warum die Hasen unterschiedlich häufig umgedreht werden. **6** Chancen vergleichen.

(P, K, A, D)

Textquellenverzeichnis

142 Kästner, Erich: Der April (3. Strophe). Aus: Die dreizehn Monate. Zürich: Atrium-Verlag, 2011

Quellennachweis

14.1; **14.2**; **14.3**; **14.4** Christian Günther Fotodesign, Leipzig; **22.1** 123rf (Bogdan Ionescu), Nidderau; **22.2** Thinkstock (Waldemarus), München; **22.3** Thinkstock (Vladimirs), München; **22.4** Fotolia.com (merrvas), New York; **22.5** Fotolia.com (jenausmax), New York; **22.6** shutterstock (ratmaner), New York, NY; **23.1**, **23.2**; **23.3**; **23.4**; **23.5** Christian Günther Fotodesign, Leipzig; **23.6**; **23.7**; **23.8**; **23.9** Klett-Archiv (David Ausserhofer, Wandlitz), Stuttgart; **27.1** Ullstein Bild GmbH (imageBROKER / FB-Rose), Berlin; **27.2** Thinkstock (Meinzahn), München; **39.1** Klett-Archiv (Christian Günther, Leipzig), Stuttgart; **40.2** Jessica Alice Hath, Freiburg; **40.1**; **40.3** Marcus Nührenbörger, Coesfeld; **55.1**; **55.2**; **55.3**; **55.4**; **55.5**; **55.8**; **55.9** Klett-Archiv (David Ausserhofer, Wandlitz), Stuttgart; **55.6**; **55.7** Christian Günther Fotodesign, Leipzig; **69.1** Fotolia.com (Peter Hermes Furian), New York; **69.2** Fotolia.com (Peter Hermes Furian), New York; **69.3** Fotolia.com (SG- design), New York; **69.4** 123rf (Oleksandr Farion), Nidderau; **69.5** Christian Günther Fotodesign, Leipzig; **69.6** Christian Günther Fotodesign, Leipzig; **73.1** shutterstock (ninsiri), New York, NY; **73.2** Fotolia.com (tinadefortunata), New York; **73.3** Franjos Spieleverlag - Franz-Josef Herbst, Lichtenau-Henglarn; **73.4** shutterstock (Now Design), New York, NY; **132.1** Fotolia.com (Michael Fritzen), New York; **132.2** Fotolia.com (Michael Fritzen), New York; **133.1** shutterstock (Mr. SUTTIPON YAKHAM), New York, NY; **133.2** Fotolia.com (mbridger68), New York; **133.3** Picture-Alliance (Lothar Lenz/OKAPIA), Frankfurt

Sollte es in einem Einzelfall nicht gelungen sein, den korrekten Rechteinhaber ausfindig zu machen, so werden berechtigte Ansprüche selbstverständlich im Rahmen der üblichen Regelungen abgegolten.